全国空中乘务专业规划教材

FLIGHT SERVICE SERIES

第5版

客舱设备运行及管理

张丽　谢春讯　编著

北京·旅游教育出版社

全国空中乘务专业规划教材

编委会

主　任　　高　宏　刘　权

副主任　　（以姓氏笔画为序）
　　　　　　李　勤　　　张新南　　　黄永宁　　　谢　苏

编　委　　（以姓氏笔画为序）
　　　　　　丁永玲　　　王化峰　　　王　娜　　　王莉莉
　　　　　　王　鑫　　　亢　元　　　孔庆棠　　　邓彦东
　　　　　　石　慧　　　田　宇　　　伏六明　　　安玉新
　　　　　　刘秀丽　　　刘岩松　　　刘　晖　　　成宏峰
　　　　　　向　前　　　闫　华　　　李广春　　　李永平
　　　　　　李庆杨　　　李　程　　　杨　柳　　　杨　静
　　　　　　陆　书　　　陈丹红　　　陈晓燕　　　张　丽
　　　　　　张晓明　　　张彩霞　　　张　澜　　　邹　昊
　　　　　　余明洋　　　吴　菁　　　罗　丹　　　罗亮生
　　　　　　林　扬　　　柳迪善　　　郑　巍　　　姚红光
　　　　　　赵冰梅　　　洪　涛　　　聂建波　　　唐小燕
　　　　　　贾丽娟　　　徐国立　　　郭　蓓　　　顾　骧
　　　　　　梁定召　　　梁悦秋　　　黄建伟　　　崔祥建
　　　　　　韩晓娜　　　程　茜　　　谢春讯　　　谢爱民
　　　　　　蔡　杰　　　熊　莹　　　薛兵旺

丛书修订说明

全国空中乘务专业规划教材依据中国民用航空局关于空乘人员的素质、知识结构、能力要求开发和编写。作为全国首套针对空中乘务专业较为完善的系列教材，从2006年规划之初就一直坚持"探索教材体系、服务专业发展，创新教材内容、引领专业趋势"的指导思想。经过十多年的使用，本套教材得到了相关院校一线教师的充分肯定，获得了很好的口碑，对我国空中乘务专业的建设与人才培养发挥了重要作用。

本系列教材问世以来，正值我国空中乘务服务专业教育不断规范、健康发展之时。一方面，民航服务在不断更新服务理念，服务的品质不断攀升；另一方面，空乘服务教育在人才培养的层次、培养模式、培养水平上不断创新，学科内涵不断充实，服务于我国民航未来发展的具有生机与活力的人才培养体系逐渐形成。此间，我们一直密切关注民航服务的实践，动态跟踪空中乘务专业的国内外发展趋势，不断深化对民航服务专业教育的认识。为适应未来民航服务国际化对人才培养的新要求，继续发挥本套教材在我国空乘服务专业教育的引领作用，完善教学体系、丰富教学内容，提高教学的效率与质量，我们就教材在专业建设与人才培养中的实际效果以及毕业生在实际工作岗位上的职业发展进行了调研，在此基础上我们又一次组织了工作在专业建设一线的空乘服务专业专家、教师对教材进行了修订，力图在教材的科学性、前瞻性和实用性方面有所创新，使这套空中乘务专业系列教材在未来的专业建设与人才培养方面发挥更大的作用。

本次教材修订我们主要遵循了以下原则：

1. 提升教材的学科内涵。 现今的空乘服务教育已从普通的专科教育为主，逐步走向本专科教育并存的格局，学科的内涵逐渐凸显出来。为此，我们在本版教材修订中，强化了学科概念，通过完善与创新核心课程的理论体系，以期为未来空乘服务学科建设奠定一定的基础。

2. 提高教材的受用范围。 随着空乘服务本科教育的突起，空乘正在从服务技能教育逐步向专注人才培养核心能力与人才档次转变。为此，在本套教材修订中我们融进了本科教育的理念，力图在同时适用于本科与专科教育方面有所改进。

3. 教材模式更适用于教学。 教材要为专业建设、为教学服务，更要为学生服务。我们将教材使用过程中的各种反馈意见进行了汇总，在完善教材内容的基础上，使教材更贴近教学需要。

4. 体现现代民航服务研究成果。 随着民航业的快速发展，民航服务学科逐渐成形，核心概念与外延正发生着变化。作为教材，必须反映这一发展趋势，摒弃传统的概念与思想，以发挥教材的导向作用。我们根据不断丰富的专业内涵，引进了学科的理念，对教材的核心思想进行了完善，使教材的整体脉络更加科学、更具有前瞻性。

5. 理论与案例结合，着力于培育整体服务思想体系。 空乘服务专业实践性很强，服务涉及的情境复杂，服务的艺术性凸显，教与学问题突出，理论的引领更需要案例的配合。为此，在本套教材修订过程中，除了进一步完善教材理论内容体系，还特别增加了案例的数量，并及时将最新的案例编入教材中，以为读者提供一个更为广阔的民航服务的"崭新空间"。

我们欣喜地看到，在过去的十多年中，我国空中乘务专业办学层次不断提升，人才培养的内涵不断丰富，培养体系更加科学，在专业建设与教学改革方面取得了长足的进步。特别是以空中乘务本科培养为主的学校，在探索专业内涵、丰富课程体系、完善教学内容等方面发挥了积极的作用。可以说，我国的空中乘务专业已经步入成熟发展时期，希望此次教材的再次修订能为我国空中乘务专业未来发展与专业水平的提高做出贡献。

本套教材目前共有16本，分别是《民航概论》《空乘服务概论》《民航旅客运输》《民航法律法规与实务》《客舱设备运行及管理》《客舱服务技能与训练》《民航地勤服务》《民航服务心理与实务》《空乘服务沟通与播音技巧》《航空卫生保健与急救》《空乘人员形体及体能训练》《空乘人员化妆技巧与形象塑造》《空乘人员仪态与服务礼仪训练》《民航乘务英语会话》《民航乘务英语视听》和《民航服务实用韩国语》。

高质量空乘服务人才的培养需要建立在科学的培养模式、学科建设、规范的课程体系以及合理的课程内容与有效的教学方法基础上。希望本套教材的修订再版能在优化全国空中乘务服务及相关专业培养方案、完善课程体系、丰富课程内容、传播交流有效教学方法方面尽一份绵薄之力。对于教材使用中的问题，我们衷心希望能够得到广大师生的积极反馈及专家学者的批评指正，我们会全力以赴地不断提升教材的品质，以回报给予我们大力支持的广大师生。

如有建议或疑问，欢迎发邮件至wytep@126.com。

旅游教育出版社

第 5 版前言

改革开放以来，中国经济迅速发展，增长速度居世界前列。这种经济的长期高速增长带来了中国民航业的巨大发展机遇。同时，政府把交通运输摆在国民经济发展的重要位置，并作为重点基础设施进行建设，也必将使包括航空运输在内的我国交通运输显示出巨大的发展潜力，发展前景十分广阔。

航空公司运量的增长、机场吞吐量的扩容，都带来了对人才的需求。这种需求来自国内航空公司、机场以及各大外资航空公司、民营航空公司、民航业衍生的航空服务企业等。

为满足市场需求，相关院校加快了人才培养的步伐，但是随之出现的问题是，国内非常缺少成熟的、规范化的教材。尤其是客舱设备管理等方面的操作性课程教材更少。本书是为民航系统大专院校学生、民航系统从事商务运输工作的人员编著的客舱设备运行及管理方面的教材。

本教材由三大篇18章组成。为了便于教学，每章包括课前导读、教学目标、正文、本章小结等内容。

本教材系统介绍了客舱设备的组成及操作要求，分为通用设备运行及管理、特殊机型设备运行及管理及客舱服务三篇。通用设备运行及管理篇主要以MD-82飞机客舱设备为基础进行编写，全面介绍了客舱的各种设备以及使用方法，分析了MD-82机上设备的优缺点，同时总结了相关客舱设备新的设计趋势；特殊机型设备运行及管理篇分别介绍了A320、A340、B737、B767、CRJ系列和ARJ21的客舱设备布局以及运行管理方法；客舱服务篇简要介绍了客舱服务以及乘务组与各舱设备运行及管理有关的工作任务等内容。教师授课时可以根据学生专业和教学目标灵活安排教学内容。

本教材包含了客舱乘务员必须掌握的专业知识，不仅可以作为民航系统大专院校及其他旅游经贸院系民航乘务相关专业的教学用书,还可以用作民航系统的培训用书。本书使用了大量图片及表格资料作为辅助内容,生动直观。在本书编写过程中,中国东方航空公司和上海航空股份有限公司的有关专家给予了很多的指导和帮助,上海工程技术大学航空运输学院也为编者提供了较多支持,谨在此表示由衷的感谢。此外,还要特别感谢上海航空公司的康垂宏高级工程师,感谢他给予我们的帮助。

本教材作为全国空中乘务专业规划教材系列之一,初版于2007年,再版于2010年,第3版于2014年,第4版于2017年。感谢读者的厚爱和出版社的大力支持,使本书得以又一次修订出版。本次第5版修订主要增加了我国民航业界机型选择的最新数据,见第十三章、第十五章和第十六章末的"信息卡";同时在我国大力发展大飞机产业的背景下,更新了关于C919研制、首次成功试飞及订单等情况的介绍;另外,还更新了关于麦道(MD)机型陆续退出中国市场的情况。

由于编者水平有限,书中若有不足之处,恳请专家及读者批评指正,以丰富修正本书。

编　者

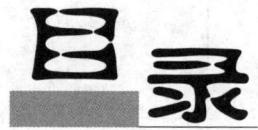

第一篇 通用设备运行及管理

第一章 概述 3

第一节 客舱设备运行与管理概述 3

一、客舱设备概述 / 3

二、客舱设备管理与乘务员专业能力 / 4

第二节 MD-82机型简介 5

一、MD系列 / 5

二、MD-82 / 6

三、中美合作生产MD-82/83飞机项目 / 7

第二章 座椅 10

第一节 驾驶舱座椅 10

一、驾驶舱座椅的种类及其安装位置 / 10

二、驾驶员座椅的组成与特点 / 11

三、观察员座椅的组成与特点 / 12

第二节 旅客舱座椅 12

一、椅背 / 12

二、扶手 / 14

三、旅客座椅的种类 / 15

四、公务舱座椅的组成与特点 / 15

五、经济舱座椅的组成与特点 / 17

第三节 机上服务员座椅 19

一、机上服务员座椅数量及其安装位置 / 19

二、机上服务员座椅的组成与特点 / 20

第三章 客舱装饰 22

第一节 客舱装饰的组成 22

一、客舱天花板 / 22

二、客舱侧壁板 / 22

三、客舱顶部行李箱 / 23

四、客舱分舱板 / 25

五、客舱地毯、座椅装饰面罩和门帘 / 25

第二节 旅客服务设施 26

一、残疾旅客服务设施 / 26

二、衣帽间和储藏室 / 27

三、娱乐设施 / 27

四、污水系统 / 28

第四章 盥洗室和厨房柜 29

第一节 盥洗室数量及其安装位置 29

一、盥洗室数量及其安装位置 / 29

二、盥洗室设备组成 / 30

第二节 厨房柜简介 31

一、厨房柜数量及其安装位置 / 31

二、厨房柜设备的组成 / 32

三、厨房柜在机上的分工 / 32

第三节 机上厨房设施 33

一、断路器 / 33

二、烤箱 / 33

三、保温箱 / 34

四、冰箱 / 35

五、烧水器和烧水杯 / 35

六、餐车 / 36

第五章　客舱通信系统　38

38 第一节　概　述

39 第二节　旅客广播系统和娱乐系统
　　一、旅客广播系统／39
　　二、娱乐系统(选装)／40

40 第三节　机上服务内话和内话呼叫系统
　　一、内话系统／40
　　二、话音记录器和飞行数据记录系统／41

第六章　氧气系统　44

44 第一节　氧气系统概述
　　一、作用／44
　　二、组成／44
　　三、工作原理／46

48 第二节　各机型氧气系统分布
　　一、应急氧气系统(化学)／48
　　二、各机型客舱氧气系统分布图／49

第七章　应急救生系统　54

54 第一节　MD-82飞机应急救生系统
　　一、MD-82飞机应急救生系统的组成／54
　　二、救生设备的数量及其在机舱内的位置／56
　　三、应急撤离通道(应急撤离路线)／59
　　四、应急通信设备／62

62 第二节　其他各类型应急救生设备
　　一、救生船／62
　　二、坐垫／68
　　三、救生衣／68
　　四、其他／71

73 第三节　急救药箱配备

一、急救药箱简介 /73
二、急救药箱内物品配备标准 /74

第八章 旅客舱空调系统 77

第一节 概述 77
第二节 系统的组成及其工作原理 78
一、系统的组成 /78
二、空调系统的空气来源 /81

第九章 飞机照明系统 83

第一节 照明系统概述 83
一、驾驶舱照明 /83
二、货舱和服务舱照明 /84
三、飞机外部照明 /84
四、应急撤离照明 /85
第二节 客舱照明系统 86
一、客舱照明简介 /86
二、灯光光线控制 /87

第十章 烟雾和火警设备 89

第一节 防火系统和灭火系统 89
一、防火系统概述 /89
二、火警和过热探测 /91
三、灭火系统 /91
第二节 烟雾和火警设备 92
一、灭火器 /92
二、呼吸保护装置 /94
三、厕所烟雾探测器 /97

第十一章 常见故障 100

第一节 设备故障 100
一、开启锁着的厕所门 /100

二、乘务员座位发生故障 / 102

三、机门故障 / 102

四、餐车故障 / 102

五、烤箱、冷藏箱故障 / 102

103 第二节　系统故障

一、内话机系统故障 / 103

二、客舱中"系好安全带""请勿吸烟"
指示信号失灵 / 103

三、客舱广播系统故障 / 103

四、预录系统故障 / 103

第二篇　特殊机型设备运行及管理

第十二章　A320客机　**107**

107 第一节　A320客机基本信息

一、A320系列简介 / 107

二、A320-200基本数据 / 111

112 第二节　应急设备的分布

一、应急设备分布位置 / 112

二、分布图 / 114

114 第三节　出口设置及操作

一、出口设置 / 114

二、出口正常操作 / 115

三、出口应急操作 / 116

118 第四节　释放滑梯/救生船

一、脱开滑梯/救生船 / 118

二、安装滑梯/救生船天篷 / 119

三、抛放救生船 / 119

四、滑梯/救生船转移 / 119

121 第五节　乘务员控制面板和客舱通信系统

一、前乘务员控制面板 / 121

二、后乘务员面板 /122
三、客舱通信系统 /123
四、CIDS 系统(客舱内部通信数据系统)/124

第十三章　A330 和 A340　126

第一节　A330/A340 客机基本信息　126

一、A330/A340 系列简介 /126
二、A340-300 基本数据 /131

第二节　应急设备的分布　132

一、应急设备分布位置 /132
二、分布图 /134

第三节　出口设置及操作　134

一、出口设置 /134
二、出口正常操作 /135
三、出口应急操作 /139

第四节　释放滑梯/救生船　140

一、脱开(所有)门上的滑梯/救生船 /140
二、安装天篷 /141
三、救生船转移(仅 1L、1R、4L、4R 可以互换使用) /142

第五节　乘务员控制面板和客舱通信系统　144

一、乘务员控制面板 /144
二、客舱通信系统 /147
三、CIDS 系统 /148
四、下舱机组休息室 /149

信息卡　152

中国 2009—2016 年年末民用飞机架数统计(空客系列) /152

第十四章　B737 客机　153

第一节　B737 客机基本信息　153

一、B737 系列简介 /153

二、B737-700 基本数据 /160

161 第二节　应急设备的分布

　　一、应急设备分布位置 /161

　　二、分布图 /163

163 第三节　出口设置及操作

　　一、出口设置 /163

　　二、出口正常操作 /164

　　三、出口应急操作 /165

167 第四节　释放滑梯/救生船及客舱通信系统

　　一、把滑梯用作浮板 /167

　　二、救生船 /167

　　三、内话、广播系统 /168

　　四、乘务员控制面板 /169

第十五章　B767 客机　*172*

172 第一节　B767 客机基本信息

　　一、B767 系列简介 /172

　　二、B767-300 基本数据 /176

177 第二节　应急设备的分布

　　一、应急设备分布位置 /177

　　二、分布图 /180

181 第三节　出口设置及操作

　　一、出口设置 /181

　　二、出口正常操作 /181

　　三、出口应急操作 /184

187 第四节　释放滑梯/救生船及客舱通信系统

　　一、释放滑梯/救生船 /187

　　二、乘务员控制面板 /188

191 信息卡

　　中国 2009—2016 年年末民用飞机

　　架数统计(波音系列)/191

第十六章　庞巴迪 CRJ 系列客机　192

192　第一节　CRJ 客机基本信息
一、CRJ 系列简介 / 192
二、CRJ-200 基本数据 / 196

197　第二节　应急设备的分布
一、应急设备分布位置 / 197
二、分布图 / 199

200　第三节　出口设置及操作
一、出口设置 / 200
二、出口正常操作 / 200
三、出口应急操作 / 202

204　第四节　乘务员控制面板
一、前乘务员控制面板 / 204
二、内话、广播系统 / 205

206　信息卡
中国 2009—2016 年年末民用飞机架数统计（庞巴迪系列）/ 206

第十七章　ARJ21 支线飞机　207

207　第一节　ARJ21 机型简介

208　第二节　ARJ21 技术特点
一、适应性 / 208
二、舒适性 / 208
三、经济性 / 209
四、共通性 / 210

210　第三节　ARJ21 研发历程

213　第四节　ARJ21-700 客机
一、ARJ21-700 机型简介 / 213
二、ARJ21-700 三视图 / 214
三、客舱布置 / 214
四、基本数据 / 215

第五节 ARJ21-900 客机 …217
一、ARJ21-900 机型简介/217
二、ARJ21-900 三视图/218
三、ARJ21-900 客舱布置/218
四、ARJ21-900 基本数据/219
五、市场前景/221

第六节 ARJ21B 公务机 …221
一、ARJ21B 机型简介/221
二、ARJ21B 三视图/222
三、ARJ21B 公务舱布置/222
四、ARJ21B 基本数据/223
五、市场前景/225

第七节 ARJ21F 货机 …225
一、ARJ21F 机型简介/225
二、ARJ21F 三视图/226
三、ARJ21F 货舱装载图/226
四、ARJ21F 基本数据/227
五、市场前景/228

第八节 ARJ21 机上设备简介 …229
一、ARJ21飞机盥洗室数量及安装位置/229
二、ARJ21飞机厨房柜数量及安装位置/230
三、ARJ21飞机氧气系统/231
四、ARJ21飞机生命保障(ATA25)系统/232

信息卡 …233
中国首款具有完全自主知识产权的大型客机 C919 试飞成功并投入生产/233

第三篇 客舱服务

第十八章 客舱服务 …237

第一节 飞行安全 …237
一、全程需要做到的工作/237

二、登机前 / 238

三、登机时 / 238

四、飞机推出前 / 238

五、飞机滑出 / 239

六、起飞前 / 239

七、飞行中 / 239

八、着陆前 / 240

九、着陆后 / 240

241　第二节　客舱服务

一、登机前 / 241

二、登机时 / 241

三、飞机推出前 / 241

四、飞机滑出 / 242

五、起飞前 / 242

六、飞行中 / 242

七、着陆前 / 243

八、着陆后 / 243

244　第三节　客舱乘务组工作

一、飞行前准备 / 244

二、飞行准备 / 244

三、飞行前机上工作 / 244

四、乘务组协作 / 245

五、飞行后讲评 / 245

245　第四节　乘务员形象及乘务员的合格要求

一、乘务员形象 / 245

二、乘务员的合格要求 / 245

参考书目 247

第一篇

通用设备运行及管理

第一章 概述

> **课前导读**
>
> 本章简单介绍了飞机客舱的设备情况与管理要求,列举了乘务员专业能力要求中有关客舱设备运行及管理相关的内容。
>
> **教学目标**
>
> 通过本章学习,要求学生:
> 1. 了解飞机客舱的基本设施。
> 2. 熟知乘务员专业能力要求中有关客舱设备管理的内容。

第一节 客舱设备运行与管理概述

一、客舱设备概述

一般而言飞机上直接与乘客有关的设施主要包括:驾驶舱内的正、副驾驶员座椅,旅客舱内的旅客座椅及机上服务员座椅,衣帽间、储藏室和包括分舱板、侧壁板、天花板、顶部行李箱、座椅面罩和地毯在内的客舱内装饰;厨房柜;机组人员与旅客应急撤离和救生设备;盥洗室;供水系统与污水处理系统等。这些设备在客舱内的布局及型号、数量,不同的机种各有所异,但设备的种类大同小异。这些设备和设施将根据用户的要求,可以有各种不同的布置和数量。

二、客舱设备管理与乘务员专业能力

在民航乘务员国家职业标准中,对乘务员的专业能力的要求大部分都和客舱设备管理的内容紧密相关,每个操作环节都涉及客舱设备管理的内容。

表1-1 民航乘务员国家职业标准

职业功能	工作内容	技能要求	相关知识
一、客舱服务	(一)旅客登机前准备	1. 能检查经济舱、厨房、洗手间等服务设施状况 2. 能检查经济舱食品、酒水、卫生等服务用品配备状况 3. 能检查经济舱卫生状况	1. 预先准备程序及要求 2. 服务设施检查标准 3. 服务设施管理标准及要求 4. 清舱规定
	(二)起飞前准备	1. 能迎接旅客并引导入座 2. 能为旅客提供报纸、杂志 3. 能指导旅客摆放行李 4. 能操作客舱门分离器	1. 旅客行李物品存放与保管的要求 2. 特殊行李占座规定 3. 报纸、杂志分发要求 4. 分离器操作规定
	(三)空中服务	1. 能在正常情况下进行两种语言广播 2. 能指导旅客使用客舱服务设施 3. 能保持客舱、厨房和洗手间清洁	1. 正常情况下广播要求 2. 服务设施操作规范 3. 客舱服务管理规定
	(四)餐饮服务	能为经济舱旅客冲泡茶水、咖啡	1. 烘烤餐食的方法和要求 2. 经济舱茶、咖啡冲泡的要求及方法
	(五)落地后管理	1. 能处理飞机滑行期间旅客站立、开启行李架等不安全行为 2. 能对客舱、厨房、洗手间进行清舱检查	1. 落地后安全管理规定 2. 客舱检查规定
二、安全保障	(一)应急设备检查与使用	1. 能识别应急设备标志及中英文名称 2. 能检查和使用灭火器、氧气瓶等应急设备 3. 能在正常和应急情况下开启、关闭舱门和应急出口	1. 应急设备标志 2. 应急设备中英文名称 3. 应急设备的使用和注意事项 4. 舱门和应急出口操作标准要求
	(二)安全介绍	能进行氧气面罩、救生衣等客舱安全演示	1. 客舱安全简介内容 2. 客舱安全演示规范动作的要求

续表

职业功能	工作内容	技能要求	相关知识
二、安全保障	(三)安全检查	1. 能对旅客安全带系扣、行李架关闭等情况进行客舱安全检查 2. 能对经济舱客舱、厨房、洗手间设备进行安全检查	1. 客舱安全检查标准 2. 进、出驾驶舱的有关规定 3. 禁烟规定
三、应急处置	(一)失火处置	1. 能处置烧水杯失火 2. 能处置烤箱失火 3. 能处置洗手间失火	烧水杯、烤箱、洗手间失火处置方法
	(二)应急撤离	1. 能进行陆地有准备的应急撤离 2. 能进行水上有准备的应急撤离 3. 能进行无准备的应急撤离	1. 应急撤离程序 2. 撤离时的指挥口令 3. 撤离后工作程序

第二节　MD-82 机型简介

一、MD 系列

麦道(MD)系列飞机是美国麦克唐纳·道格拉斯公司所生产的系列中远程飞机,在同波音公司合并以前已经生产了麦道 11(MD-11)、麦道 82(MD-82)、麦道 90(MD-90)以及麦道 95(波音 717)几个大机种。MD-80 系列是全球公认的 20 世纪最成功的中短程客机之一,和波音 737、A320、图-154-并列为极具影响力的客机设备。

MD-80 是麦道公司于 1977 年 10 月开始研制的中短程客机,于 1979 年 10 月首飞,1980 年 9 月交付使用。

其中 MD-81 是基本生产型;MD-82 是改进型,安装推力更大的 JT8D-217 发动机,适于高温高原使用,正常情况下可提高商务载重和航程;MD-83 是远程型,在货舱中增加两个容量各为 2 195 升的油箱,其最大航程可达 4 700 公里;MD-87 是机身缩短型,两级舱布局可载客 130 人;MD-88 是为符合达美航空公司的技术要求特别研制的,与 MD-82 相似,但较 MD-82 安装了更为先进的座舱显示和飞行管理系统,结构上采用更多的复合材料。

MD-90 是在 MD-80 的基础上研制的中短程双发喷气客机。

MD-90 的基本数据:翼展 32.87 米;机长 46.5 米;两级舱布局可载客 153 人;货舱容积 36.8 立方米;最大燃油量 22 104 升;最大起飞总重 70.8 吨;最大航程 3 860 公里。

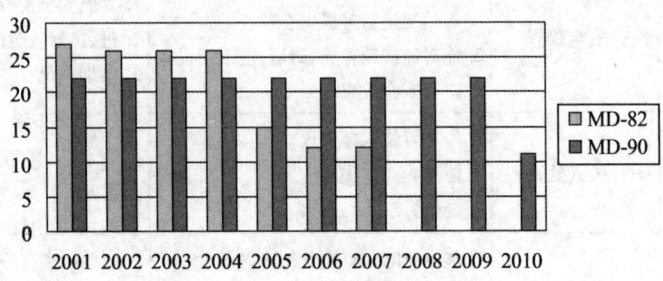

图 1-1　中国 2005~2010 年年末民用飞机(MD 系列)架数统计

二、MD-82

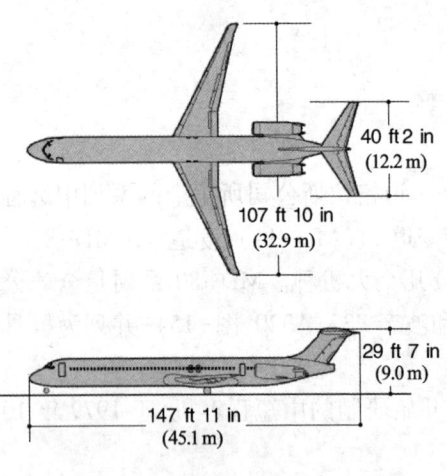

图 1-2　MD-82 俯视图和左视图

MD-82 基本数据

翼展:32.87 米

机长:45.1 米

货舱容积:35.5 立方米

典型两级座舱布局可载客:152 人

空机重量:35.6 吨

最大载荷:19.7 吨

最大燃油量:22 106 升

最大起飞总重:67.8 吨

最大油量航程:3 800 公里

动力装置:两台涡扇发动机

发动机型号:通用电气公司 JT-8D 系列 JT-8D-217A/C(最大推力:20 000 磅)

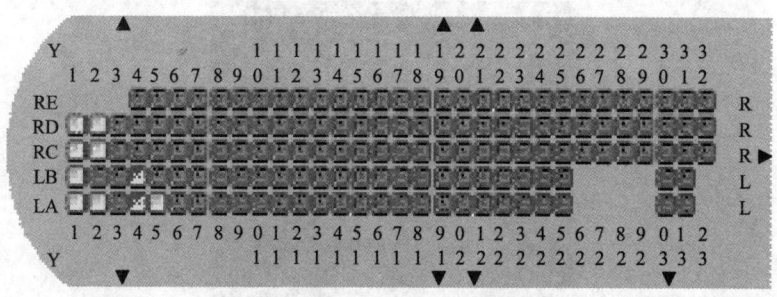

图1-3 MD-82客舱布局

三、中美合作生产MD-82/83飞机项目

1985年3月,中美双方签署合作生产25架MD-82飞机协议。该项目由美国的麦道飞机公司提供总数为25架MD-82飞机的机头、机身尾部、半机翼等大部件和机身零组件,由上海飞机制造厂按照麦道飞机公司提供的图纸、工艺标准进行机身铆装、半机翼对接、机身机翼对接、全机系统安装、功能试验和试飞交付;并生产一定数量的飞机组件、部件,作为补偿贸易返销和装机使用。

MD-82飞机是DC-9-50的改型机,于1979年10月18日首飞成功,并于1980年9月12日交付使用,可载客147~172人,起飞重量67 873公斤,装有两台JT-8D-217A发动机,采用20世纪80年代先进的电子设备,具有自动盲目着陆能力,属国际20世纪80年代先进水平。

1985年4月15日,中美双方同时宣布合同正式生效,1986年4月1日首架飞机开铆,1987年7月首架飞机交付,1987年11月获得美国联邦航空局(FAA)颁发的飞机生产许可证延伸的认可证书。到1991年10月,25架飞机按2、4、7、8、4的交付计划分别交付民航北方航空公司和东方航空公司营运。

为使合作生产25架MD-82飞机完成后生产线不停顿,1990年3月经国家批准,中美双方又签订了再生产10架飞机的合同(简称后10架),5架MD-82国内销售,5架MD-83返销美国。后10架合同于1994年11月全部完成。

图1-4 中美合作生产的MD-82

　　MD-82飞机作为第一种在中国国内组装、生产并投入期使用期最长的大型客机,是当今国产大飞机项目的"前身",因其承载了中国一代人的"大飞机"梦想,因而在中国民航发展史中,该机型就具有了里程碑的意义。

　　在经历了中国民航从局管时代到政企分家而制的变革以后,MD-82飞机成为当时国内运输的一支中坚力量,MD-82飞机凭借机身修长、后置的发动机、翼展超长等特点,并具有优美的起飞姿态和安静舒适的客舱环境,被业内人士誉为空中美男子。然而,"空中美男子"的命运却由于世界航空业的发展变化而改变。随着欧洲空中客车飞机制造集团的成立和空客系列飞机的生产,出于多方面的原因,1997年,美国波音公司并购麦道公司,从那时起以生产美国军用飞机F16及阿帕琦直升机而闻名的麦克唐纳·道格拉司公司产品从此换上了波音的标志。

　　随着中国经济的发展和国际化标准的实施,国内各航空企业把市场的需求作为引进飞机的主要依据,各种新功能、超豪华、智能化、更节能的飞机不断投入市场运营,随着市场划分越加细致,高端旅客的比例不断增加,对客舱豪华程度的需求也越来越高。从2005年起,MD-82飞机开始陆续离开中国市场,2008年10月27日下午,国内当时执管该机型的南方航空海南分公司举行了隆重的仪式,欢送最后12架MD-82飞机光荣谢幕,正式告别中国市场。2011年11月最后一架MD-90退役,2013年最后一架MD-11退役,标志着麦道飞机彻底告别中国市场。

　　MD飞机中美合作生产的历史对于我国航空业有重要的意义,奠定了我国干线飞机总装、测试、试飞等技术基础,其机型的布局和客舱设计对我国的自主研发生产也有启发和示范作用。因此,本篇将以MD-82机型为例对客舱通用设备进行逐一介绍。

本章小结

　　本章主要介绍了飞机上直接与乘客有关的全部设施以及这些设备和设施的不同布置和数量。

第二章 座椅

课前导读

本章主要介绍飞机上的驾驶舱座椅、头等舱座椅、经济舱座椅的基本排列情况、工作原理、调节范围、使用注意事项等。

教学目标

1. 了解驾驶舱的座位排列及工作原理。
2. 重点掌握客舱中不同等级舱位座椅的工作原理、主要功能。

第一节 驾驶舱座椅

一、驾驶舱座椅的种类及其安装位置

MD-82 飞机驾驶舱内共有三把座椅。一把是机长座椅。它位于驾驶舱前部左侧，安装在地板座椅滑轨上。

另一把是副驾驶员座椅。它位于驾驶舱中前部右侧，与机长座椅平行，安装在右侧座椅滑轨上。机长和副驾驶员座椅统称为驾驶员座椅。

第三把是观察员座椅。它位于驾驶舱中央操纵台的后部，与驾驶舱后部左侧的电源中心侧隔板相连接。

图 2-1　飞机驾驶舱

二、驾驶员座椅的组成与特点

(一) 驾驶员座椅的组成

驾驶员座椅由座椅骨架(包括椅背、椅面和椅腿)、扶手、防震靠垫、安全带系统(包括肩带、腰带、挡带、快卸锁扣和肩带惯性锁等)、座椅姿态调节机构[包括水平状态的调节——可前后移动,移动量 $l = 203$ 毫米(8 英寸);垂直状态的调节——可做椅面高度调节,调节量 $h = 152$ 毫米(6 英寸)和椅背倾角的调节,调节量 $a = 10°$]和座椅装饰面罩等主要部件组成。

(二) 驾驶员座椅的特点

(1) 座椅的(指靠中央操纵台一侧)扶手是可以折叠的——以扶手与椅背的安装点为转轴,可将扶手转起到与椅背侧面齐平,目的是使驾驶员出入座位时比较方便。

(2) 椅背侧角的调节不是采用统称的液压锁机构,而是用机械的方式。这种调节方式简单可靠,重量较轻,维护方便。

(3) 座椅骨架采用钣弯件铆接和点焊的结构形式,这种结构形式的座椅重量较轻,安全性能好。当飞机发生故障,应急着陆而使座椅破坏时,椅面底部的支撑件不会戳入人体而致伤。

（三）驾驶员座椅的调节

驾驶员座椅在做姿态调节时，不是凭飞行员的直观感觉或经验，而是有专门的调节准心。具体调节时，人坐在座椅上，然后进行椅面高度及椅位前后距离调节。当调到人眼睛向前看，可以通过一个特定的小孔看到黑点时，说明座椅已经调到合适的位置了。

这样的调节方法既方便迅速，又准确。一旦调节好以后，无论是手操纵驾驶盘还是脚蹬舵面，都是最佳的。这样的调节方法，在其他客机里还不多见。所以，这是 MD-82 飞机的一个特点。

通过以上分析可以看出，驾驶员座椅的设计还是比较成功的。

三、观察员座椅的组成与特点

由于 MD-82 飞机驾驶舱空间紧凑，为使驾驶员出入驾驶舱方便，故只能将观察员座椅设计成可折叠的比较简单的结构。

观察员座椅由可折叠的座椅骨架（包括可折叠的椅背、椅面和椅腿——斜撑杆）、简易安全带系统、用人造革做装饰面料的座椅防震靠垫以及与座椅配套的、单独装在地板结构上的踏脚板等部分组成。

由于座椅做成可折叠的，椅背不能承受向前的过载，所以安全带系统中没有惯性锁。事实上人处于这样一种地位，即使有过载，人向前倾时，也不会碰到硬物件，因为前面是驾驶舱空间。

此外，该座椅没有各种姿态调节的功能。

第二节　旅客舱座椅

一、椅背

1. 操作

- 压下扶手上的按钮松开钮可将椅背向后放倒 15 度左右。
- 椅背通常也可前倾。

图 2-2 客舱座椅

2. 特殊考虑

图 2-3 客舱座椅

- 部分靠近机门、应急窗的旅客座位的椅背无法向后或向前放倒。
- 有些飞机上的座位是无法前倾的,不能硬推,否则会损坏座位结构。
- 每一位旅客座位上都配有安全带(机上配备的加长安全带必须与旅客座椅上的安全带相匹配)。

二、扶手

1. 操作

- 旅客座位间的扶手通常可向上翻起,或被拆卸。

2. 特殊考虑

- 所有飞机上都有一些过道座位的外侧扶手可向上翻起,以便于轮椅旅客就座。
- 在一些飞机上,至少半数以上的过道座椅扶手可以移动。
- 在 A320 与 A340 飞机普通舱中几乎所有靠过道一侧座位的扶手都可向上翻起,但应按压一个扶手松开钮。

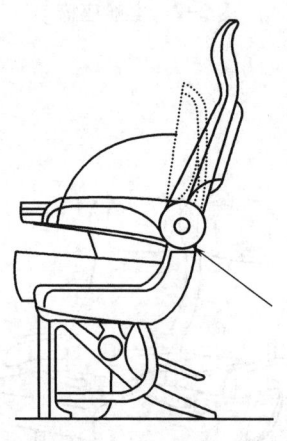

图 2-4　座椅松开钮

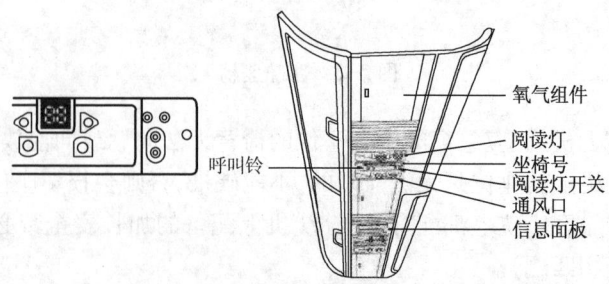

图 2-5　典型旅客服务组件

三、旅客座椅的种类

客舱内旅客座椅可分为两大类:一类是双联的公务舱座椅。它位于机身前段一级舱内,与地板上的座椅滑轨相连,这种座椅的椅面较宽较深。

图 2-6　公务舱座椅

另一类是经济舱座椅。它位于机身的中、尾段经济舱内。经济舱座椅又有双联和三联之分。双联座椅布置在机身左侧,三联座椅布置在机身右侧。这种座椅的椅面较窄。

四、公务舱座椅的组成与特点

(1)座椅主要由椅背、椅面、椅腿、扶手、安全带组件、椅背倾角调节机构、座椅方正靠壁、表面装饰罩、折叠式餐桌及应急救生衣存放袋等部分组成。

(2)其特点是椅面和扶手较宽,在扶手上除了装有烟灰缸外,还装有可折叠的小餐桌。中间扶手(系指两个座位之间的扶手)可以绕其支撑轴收起。收起扶手后,两个座位便可"改装"成一张简易的沙发床。

(3)椅背倾角(包括经济舱旅客座椅)是由一把液压锁机构实现无级调节的。

(4)座椅安装在地板座椅滑轨上。并可作25.4毫米(1英寸)间距的前、后调节。

第一篇　通用设备运行及管理

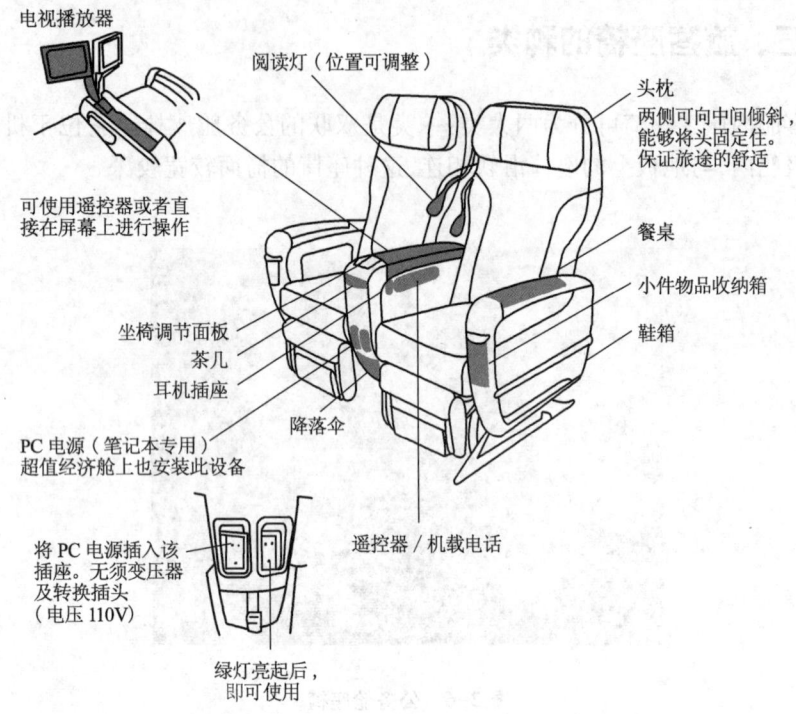

图 2-7　公务舱座椅组成

图 2-8　公务舱座椅

五、经济舱座椅的组成与特点

1. 经济舱座椅的组成

无论是双联还是三联的座椅,都是由下列几个部分组成的,即包括椅背、椅面和椅腿合成的座椅骨架,扶手,安全带组件,防震靠垫,折叠式小餐桌,烟灰缸,座椅表面装饰罩,救生衣存放袋等主要部件。上述部件的构造情况及使用功能,与公务舱座椅大致相同。

2. 经济舱座椅的特点

基于座舱总体布局的考虑,把经济舱座椅分成双联和三联两种;又由于安装在客舱地板上的座椅滑轨是综合利用的受力构件,于是造成了椅腿在座椅骨架上连接的位置不合理的后果。就是说,地板上的座椅滑轨是按受力构件安排和分布的,而其上的座椅安装是处于服从的地位,对于双联座椅来讲,其靠中央过道的椅腿过于偏外。如果不偏,就会使椅腿倾斜;如果椅腿既不偏、又不倾斜的话就要将椅面移向中央过道。其结果是中央过道变窄,而座椅与侧壁之间的间隙又会加大。这显然也是难以接受的。

图 2-9 经济舱座椅

对于三联座椅来讲,靠中央过道的一根椅腿与机身侧壁结构之间的间隙也不一样,其中三联座椅与机身右侧壁装饰板的间隙为 15 毫米左右,而双联座椅与其对应的侧壁饰板的间隙为 25 毫米左右。二者的差量约 10 毫米。这 10 毫米对于飞机客舱这样一个"寸金之地"的特殊环境而言,恐怕不是可以忽略不计的。若能在设计时将这 10 毫米左右的差量移到中央过道来的话,就能使中央过道的宽度得以进一步"加宽"。

事实上,从实际结构上可以发现,设计者已经作了这方面的努力,若不然,这个差量将会更大。然而,这种努力并不能从根本上解决问题。

总之,要想使上述问题全面地得到解决,只有从总体方案着手重新布置才行,尤其应考虑座椅的对称性。

采用可收起(中间)扶手的旅客座椅,除了可使座椅横向宽度加大之外,还对应急撤离行动有利。对于在"机翼上方"应急出口旁边,靠近窗口一侧的座椅扶手更是如此。所以,在这个区域的座椅扶手都装在应急门上。这都是为应急撤离方便而考虑的。

然而,该机没能做到把靠中央过道一侧的、位于应急出口处的座椅扶手,也设计成可折叠的。如果能做到这一点,将更有利于应急撤离过程的顺利进行了。

紧靠分舱板的座椅小餐桌,采用了插入扶手孔的结构形式。这种结构形式的小餐桌,从应急救生的角度是不太合理的。因为采用这种插入扶手孔,小餐桌是由孔里拔出来,只要有不平行度,就可能被"卡住"。一旦被卡,在应急时就将影响到人员的迅速撤离,严重的甚至可能贻误撤离工作。

因此,如果能将头排座椅的小餐桌设置在分舱板上的话,就能解决被卡住的问题和保证应急撤离顺利进行。我国第一架自行设计的运十大型客机,就是按这种思路设计的。

图 2-10　小餐桌

此外,将分舱板处的座椅小餐桌设置在分舱板上,还解决了这种小餐桌的合理存放问题。MD-82飞机客舱内的插入式小餐桌,平时不用时,是放在相应位置的顶部行李箱里的。这样的存放既不合理,又不方便使用。这是因为:

其一,当乘客对乘坐飞机还比较陌生的时候,乘客无法找到小餐桌而自助服务。

其二,正是由于旅客不能自助服务,反过来便增加了机上服务员的服务工作量。

其三,小餐桌存放在顶部行李箱里,占用了行李箱有效空间,无形之中等于缩小了顶部行李箱的存放空间。

其四,这样的存放,如果没有相应的固定措施的话,还可能引起小餐桌的移位或丢失。

第三节　机上服务员座椅

一、机上服务员座椅数量及其安装位置

MD-82飞机机上服务员座椅共有三处。它们分别位于前登机门入口处,机腹梯登机门上和4号厨房柜临中央过道的侧壁板上。总共有五个座位,其中前段两个,尾段两个,中段一个。

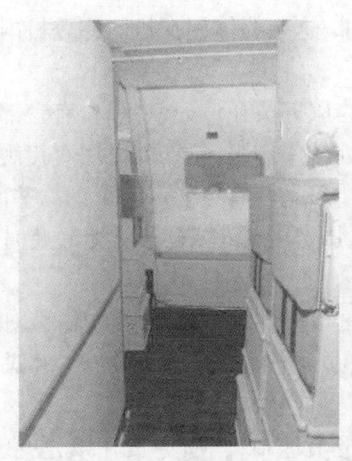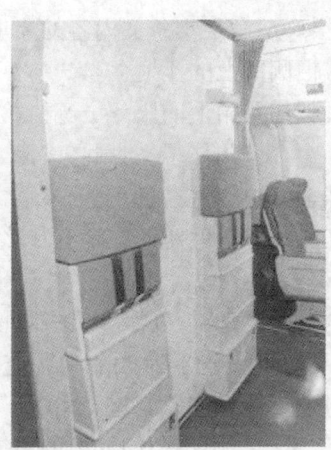

图 2-11　服务员座椅

(一)机上服务员折叠座椅/限制装置(安全带)

折叠座椅下部都有弹簧负载使其成垂直位置并装有限制装置以避免或降低冲击。腿部安全带的固定器和在每个带子顶端装有惯性的卷轴肩带,在每个带子靠近腰部处装有金属调节扣,可用来调节与腿部安全带相连的肩带。

(二)特殊考虑

只有指定的机组人员才可以坐在折叠座椅上;应收好安全带,防止带子损坏及紧急情况下阻挡出路;每个折叠坐垫在不用时,应具有自动恢复功能。

二、机上服务员座椅的组成与特点

机上服务员的这三处座椅都是自动折叠式的。这种自动收起的功能十分有用,它将弥补机上服务员一时疏忽,没有及时把椅面收起而有碍于人员通过之弊。

这类座椅的结构及功能与其他类型的座椅大致相同。所不同的是这种座椅都比较简单。例如都不设扶手,椅面下表面也不设救生衣及其存放袋,更无小餐桌一类的设备。

按照适航性条例第 25 部 §25.785(h)(1)条文的要求,"在尽可能不影响接近要求与地板等高的应急出口的范围内,空中服务员座椅的位置必须保证能直接观察该服务员个人负责的客舱区域"。MD-82 飞机机上服务员座椅位置的设置,未能很好地满足本条文内容的要求,这主要体现在机腹梯登机门上的座椅及 4 号厨房柜侧壁上的座椅上。

位于机腹梯登门上的服务员座椅,当服务员在该处就座时,有一部分视线被尾部的两个盥洗室挡住了。为此,在该处就座的服务员,就无法直接观察到紧挨盥洗室前部、靠机身侧壁座位上的乘客。于是就有可能产生下列一些问题:

当在这些位置上就座的旅客有什么服务要求时,服务员无法及时发现而给予满足。

从安全的角度来讲,在服务员视线区以外的区域里就座的旅客,如果有图谋不轨,搞阴谋劫机或破坏活动的话,服务员可能做不到及时发觉,并进而采取各种有力的防范措施来加以制止。

同样,位于 4 号厨房柜侧壁上的服务员座椅,当服务员在该处就座时,也无法直接观察到 3 号厨房柜前面几排座椅上的旅客。所以,该机有两处机上服务员座椅位置的设置是不够合理的,至少不能很好地符合适航性条例有关条文的要求。

位于 4 号厨房柜侧壁上的服务员座椅,尽管平时不用时是折叠起来的,但是仍有相当的厚度凸出在过道上。它客观上使这部分过道的宽度"变窄"了。按适航性条例第 25 部 §25.815 条要求来衡量,其符合性是较为勉强的。它对安全性的直接影响是,一旦撤离时,可能成为很不利的干扰因素。人员撤离时,难免要碰到该折叠座椅上。

即使不从应急撤离的角度来讲,这个座位也将影响经济舱乘客去尾部盥洗室,即过道不畅通。

总之,尾部的两个服务员座椅在客舱里的布置,并不是十分合理的。

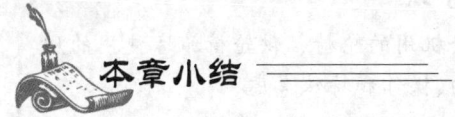 本章小结

本章主要介绍了驾驶舱座椅、旅客舱座椅、机上服务员座椅的组成及其特点,并以 MD-82 飞机为主评述了这三类座椅的设计优缺点。

第三章 客舱装饰

> **课前导读**
>
> 本章主要介绍客舱装饰的组成，登机用的轮椅、供轮椅旅客使用的厕所，窗户与遮光板，以及污水系统的目的、操作和特殊考虑。
>
> **教学目标**
>
> 1. 了解客舱装饰的组成及其设计特点。
> 2. 重点掌握一些特殊设施的设计目的、操作和特殊考虑。

第一节 客舱装饰的组成

MD-82飞机客舱主要由下列几部分组成，即天花板、侧壁装饰板、顶部行李箱、客舱分舱板、旅客座椅装饰面罩、地毯、门帘、衣帽间、储藏室等。

一、客舱天花板

除在登机门区域、厨房服务区域以及右后盥洗室与右后储藏室之间的天花板为平的降低天花板外，在整个旅客舱长度范围内安装弧形旅客舱天花板，除特殊规格天花板外，其余长度均与行李箱长度相同。

二、客舱侧壁板

客舱两侧的侧壁板，除机翼上部应急出口区域和客舱后端侧壁板外，均带有两个观察窗口,每个窗口有一个在不拆卸侧壁板的情况下便可拆下窗框组件,该窗框组件由一个声学玻璃和一个垂直拉动的遮光板组成(一般观察窗口为滑动式遮阳板,应急出口窗为卷筒式遮阳板)。窗户用于观察机外,遮光板用于遮挡阳光。

图 3-1　客舱侧壁

图 3-2　窗户和遮阳板

三、客舱顶部行李箱

沿着旅客舱两侧各安装封闭式的顶部行李箱。在客舱右侧三联旅客座椅的上方设有能竖着存放一个标准的 20 英寸的随身拉杆箱的大行李箱,在左侧双联座椅的上方设有能横着存放一个标准的 20 英寸左右随身拉杆箱的小行李箱,除特殊规格行李箱外,每个标准行李箱组件长度为 1 930 毫米(76 英寸),带有两个可锁上的、向上打开的行李箱门。这种行李箱的优点是存放在箱内的物品,不会由于飞机的振动等原因从箱内掉出来,而且行李箱外观整齐美观。当今世界上的大中型客机都采用这种形式的行李箱。

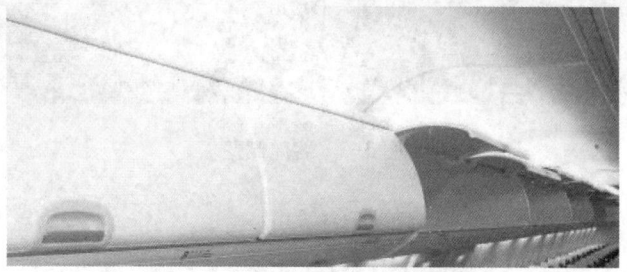

图 3-3 客舱顶部行李箱

图 3-4 公务舱座位旁行李箱

四、客舱分舱板

在公务舱和经济舱之间布置左右分舱板及门帘组件,分舱板安装在行李箱下面,门帘组件由门帘滑轨、帘布和系带组成。

图 3-5　客舱分舱板

五、客舱地毯、座椅装饰面罩和门帘

(1)这三件物品在客舱内的装饰作用是举足轻重的。舱内的装饰要体现四季变化、时代气息、民族风格、异国情调等,都离不开上述物品的选择与调配。作为大型旅客机舱内装饰设计都遵循这些原则。

图 3-6　座椅装饰面罩

(2)从工程技术的角度来讲,这些物品要具有防火、耐磨、耐脏、防静电、易于维护、质地轻巧、质感亲切、价格便宜和施工方便等特点。MD-82飞机舱内上述物品的选择和调配,都体现了上述要求。

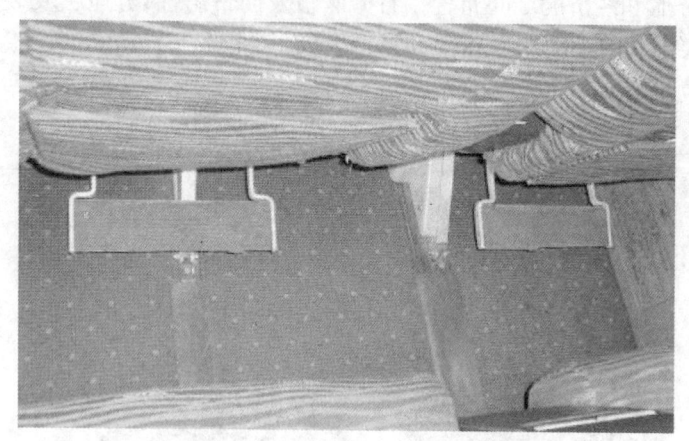

图 3-7　客舱地毯

第二节　旅客服务设施

一、残疾旅客服务设施

(一)登机用轮椅

登机用轮椅主要用来运输有残疾的旅客。操作时注意事项:按照操作说明打开轮椅;在将旅客扶入或扶出轮椅前一定要带住刹车。

(二)供轮椅旅客使用的厕所

供轮椅旅客使用的厕所要能保证同其他旅客一样的隐私权。

民航法规要求飞机上必须具有供轮椅旅客可使用的厕所。不要求机组成员帮助残疾人上厕所。

出于为轮椅旅客的特殊考虑,一般设有大扶手,以方便轮椅旅客使用;厕所门较大,以便出入。

二、衣帽间和储藏室

(一) 衣帽间

衣帽间通常根据客舱布置要求,有不同的数量和位置,MD-82 飞机全机共有三个。其中两个在一级舱与经济舱的分界处,因此,这两个衣帽间除了本身的功能以外,还兼有分舱板的功能。这种一物多用的做法,正是一些中、短程客机小空间布置设计所需要遵循的一种原则。

另一个衣帽间位于客舱尾部左侧盥洗室的前面。对于中、短程旅客机来说,因其飞行时间不长,旅客很少使用。因此,在国外一些中、短程航段的客机上都不设置衣帽间。

图 3-8 客舱衣帽间

(二) 储藏室

MD-82 飞机共设置四个储藏室。其中两个设置在前衣帽间的一侧,其余两个分别位于 3 号厨房柜和后衣帽间的前部。

三、娱乐设施

部分飞机上座椅设计有脚蹬、旅客服务或娱乐组件。起飞、下降时椅背必须调直,餐桌、脚蹬与旅客荧屏必须收起来。

图 3-9　全舱 PTV

四、污水系统

机上污水系统用来排除与储存污水。机上的厨房用水和厕所的洗脸池水经污水管通过安装在机身外的高温排水口排出,便池中的污水则会存入污水收集箱内。

注意事项:

勿将茶叶包、冰块投入便池内;

使用/清洁厕所后应放下便池盖板防止异物跌入;

各类包装饮料、酒类、乳制品、豆浆、果汁等可将盖拧死后投入非压缩型垃圾车或存入餐车中;

勿将含颗粒的果汁直接倒入厨房下水池中;

使用污水桶时,应绝对避免混入拉环、瓶盖、毛巾等异物,污水可倒入便池中。

本章主要以 MD-82 飞机为例介绍了客舱内装饰的组成以及一些特殊用途设施的装饰。

第四章 盥洗室和厨房柜

> ● 课前导读 ●
>
> 本章主要介绍 MD-82 机型上盥洗室和厨房柜的数量、安装位置以及各厨房柜设备的组成。
>
> ## 教学目标
>
> 1. 了解盥洗室和厨房柜数量及安装位置。
> 2. 了解机上厨房设施的组成和各设施的使用目的、操作和特殊考虑。
> 3. 重点掌握 MD-82 机型厨房柜设备的组成。

第一节 盥洗室数量及其安装位置

一、盥洗室数量及其安装位置

MD-82 飞机客舱共设有三个盥洗室。它们分别位于前机身登机门入口处的右侧和机身尾部的机腹登机门入口处左右两侧。

按照有关规定,旅客机舱内盥洗室数量,应以平均每 25~50 人设置一个为原则。而该机满载时包括机组乘员在内可达 155~172 人。可见三个盥洗室只能算是基本上满足要求。这种偏紧的盥洗室数量,是以中、短程飞机为出发点考虑的结果。因为这样做可为该机增加载客量,提高经济性创造条件。

二、盥洗室设备组成

盥洗室由下列主要部分组成:梳妆台、洗脸池、镜子、各种梳妆和卫生用品的存放格柜、马桶箱组件、冷热水龙头、防(飞机)颠簸扶手、氧气面罩箱、通风设备和室内照明灯。

图4-1 盥洗室洗脸池

图4-2 盥洗室储物柜

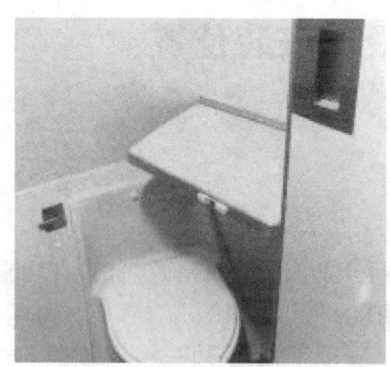

图4-3 盥洗室马桶箱组件

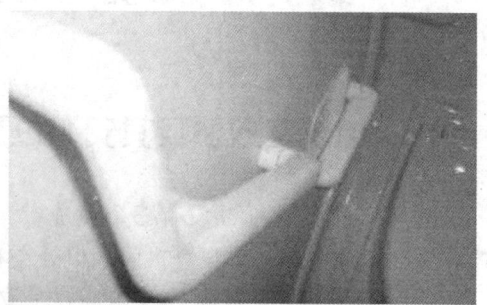

图4-4 防(飞机)颠簸扶手

图 4-5 盥洗室照明设施

第二节　厨房柜简介

一、厨房柜数量及其安装位置

MD-82 飞机客舱内共设有四个厨房柜。其中 1 号和 2 号厨房柜位于客舱前段航向右侧，与前登机门相对。3 号和 4 号厨房柜位于客舱后部航向左侧，在后机身厨房服务门的两侧。

图 4-6　机上厨房

二、厨房柜设备的组成

(一) 1号厨房柜设备的组成

在1号厨房柜里装有2辆服务车(内有餐具和食品)。服务车放在厨房柜台前的下部。在台面上部装有2个电饮料箱、2个供水龙头、1个1.89升(2夸脱)的水加热器、1个咖啡壶。在柜子的顶部有2个小型的储藏格等。

(二) 2号厨房柜设备的组成

在2号厨房柜台面下装有2辆服务车,1个废物存放箱。在台面以上有3个电烤箱,1个小型储藏格柜及配电板。此外,在厨房柜临中央过道一侧,还装有1块折叠式面板。此面板支起后可作为工作台面使用。

(三) 3号厨房柜设备的组成

在3号厨房柜台面以下也有2辆服务车。台面以上有2个储藏箱,箱内存放各种厨房用品。

(四) 4号厨房柜设备的组成

4号厨房柜配备情况与1号厨房柜相似,台面下也有2辆服务车,台面以上装有1个1.89升(2夸脱)供开水的加热器、1个水龙头、1个电烤箱、1个咖啡壶及配电板。

三、厨房柜在机上的分工

服务员进行配餐等工作主要是在1号与2号厨房柜之间进行的。3号厨房柜仅作为厨房用品或食品的储藏柜使用。4号厨房柜也能做某些配制饮料等简易厨房服务工作,但不是主要的。

第三节　机上厨房设施

一、断路器

1. 作用

切断电源。

2. 操作

将黑色按钮开关拉出。
按下重新接通电源。

3. 注意事项

若断路器跳出,让它冷却3分钟后再压入按钮重置开关;在重置断路器前通知驾驶舱;一旦断路器重置好后,马上通知所有驾驶员和乘务员;断路器只允许重置一次,不要一直压着断路器,否则会引起火灾。

二、烤箱

1. 作用

只可用于加热食物。烤箱数量是根据飞机机型而定的。

2. 操作

根据食物性质选定时间、温度后启动。

3. 注意事项

在加温前确保烤箱内无任何纸片、纸制品以及干冰。
使用烤箱前要区分烤箱的种类,严格按照程序操作。
为防止起火,严禁在烤箱内存放任何服务用器、用具、报纸、餐盒及各类可燃物。
起飞和着陆前烤箱必须断电。

图 4-7　烤箱

三、保温箱

1. 作用

用于加温毛巾、瓷咖啡杯、瓷餐具等。

图 4-8　保温箱

2. 操作

接通电源即可使用。

3. 注意事项

利用保温箱存放食物时,可能会引起食物变质,并使保温箱内充满异味。
严禁将任何塑料制品如托盘、塑料杯等存入保温箱内。
起飞和着陆前保温箱必须断电。

四、冰箱

1. 目的

用于食品冷藏或冷冻。

2. 操作

接通电源。
选定冷藏(CHILL)或冷冻(FREEZE)方式。

3. 特殊考虑

冷藏状态可用于保存各类乳制品、饮料、果汁、豆浆、白葡萄酒、蛋糕等。
冷冻状态可用于保存冰块和其他必须冷冻的食品。
冰箱内严禁存放各种试剂、疫苗或其他生物化学类制剂、制成品。
起飞和着陆前冰箱必须断电。

五、烧水器和烧水杯

1. 目的

烧煮开水。

2. 操作

烧水器:接通电源;选定煮水方式。
烧水杯:在水杯内加入水,插在电源插座上;旋转定时器,接通电源。

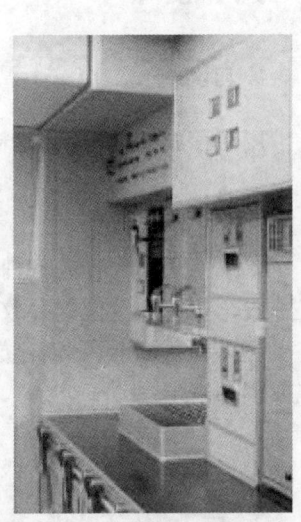

图 4-9　烧水器

3. 注意事项

烧水器内的水为可饮用水,飞行中沸水水温一般为80℃左右。
出现断电警告时,应立即关闭电源,检查水阀、水量、水压是否正常。
在沸水滴注时,若需取出盛水杯,应先关断电源。
只有在水杯内有水时,方可使用通电或底盘保温方式。
起飞和着陆前关断电源,倒空盛水杯内的水,并将盛水杯固定。

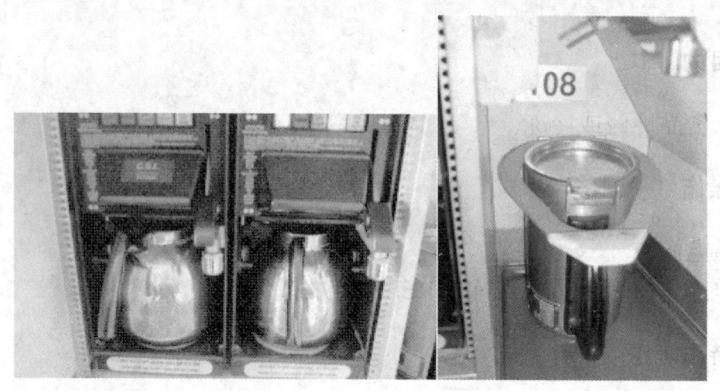

图 4-10　咖啡壶和烧水杯

六、餐车

1. 目的

用于存放各类食品、饮料、用具、用品等。

2. 特殊考虑

餐车不得用于存放各种试剂、疫苗或其他生物化学制剂、制成品。
餐车要按规定位置存放。
起飞和着陆前,必须存放妥当(不超出规定限载重量),车门紧锁踩好刹车,并被锁扣固定。

第四章　盥洗室和厨房柜

图 4-11　餐车

本章主要介绍了 MD-82 机上厨房柜和盥洗室的数量、安装位置以及各厨房柜设备的组成及其目的、操作和特殊考虑。

第五章 客舱通信系统

课前导读

本章主要介绍了机上各通信系统的用途和操作方法。

教学目标

通过本章的学习,要求学生:
1. 了解通信系统各分系统的组成。
2. 重点掌握与客舱有关的通信系统,如机上旅客广播系统,娱乐系统,机上服务内话系统等。

第一节 概述

通信就是用于飞机的一部分与另一部分之间、飞机与飞机之间或飞机与地面之间传送信息的系统。通信系统由下列分系统组成:音频综合系统(包括飞行内话系统),客舱/服务内话系统;广播系统;手提式扩音器;选择呼叫系统;甚高频通信系统;高频通信系统;录音系统;ARIVC 通信寻址和报告系统等。

本章将对与客舱有关的通信系统(如,机上旅客广播系统、娱乐系统、机上服务内话系统等)予以介绍,以便客舱乘务员能够有效地使用这些系统设备为旅客服务。

第五章　客舱通信系统

第二节　旅客广播系统和娱乐系统

一、旅客广播系统

旅客广播系统主要用于对所指定的客舱进行广播。手持送受话器安置在驾驶舱和每一个乘务员的座位旁。

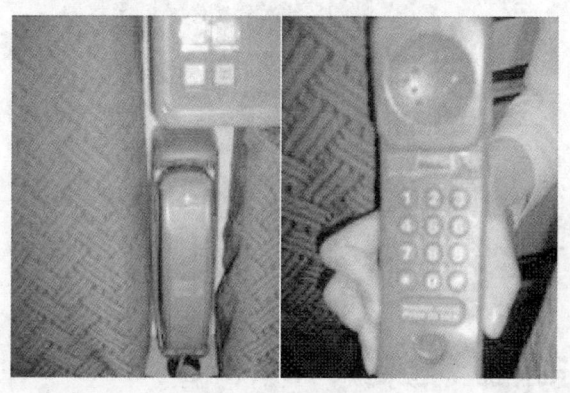

图 5-1　手持送受话器

广播优先次序是：机长广播、乘务员广播、预录广播、录像广播、登机音乐。

机上配备一套旅客广播系统，该系统由广播放大器、客舱扬声器和放音机等组成。用扬声器从驾驶舱或客舱服务员位置处向客舱区域、厨房区域和盥洗室的旅客广播。应安装足够数量的扬声器，以便对客舱、厨房、盥洗室和服务员位置处提供足够的音频覆盖。

控制装置：驾驶舱顶部板上设有一个旅客广播"按压—广播"开关，在前、中和后服务员位置处的手持送话器上装有一个带保护装置的旅客广播"按压—广播"开关。这些开关将服务内话手持送话器连接到旅客广播系统，用于广播通知。

设在手持送话器旅客广播"按压—广播"开关上的 LED（发光二极管）指示灯在开关被按压时灯亮，而当手持送话器放回到架上时灯熄灭。

旅客广播通知的优先权次序是：驾驶舱第一，前服务员第二，中/后服务员第三。

— 39 —

图 5-2 旅客广播系统

二、娱乐系统（选装）

娱乐系统包括音乐播放设备，用来播放音乐供旅客选择收听，也可选装视听设备用来播放影像节目。

控制装置：前客舱服务员位置处设有一个用于音乐控制的"接通—关断"音量控制装置。

第三节 机上服务内话和内话呼叫系统

一、内话系统

（一）作用

每个机组成员座位旁的手持送受话器用于飞机的一部分和另一部分之间的

通信联络；驾驶舱机组人员与客舱服务员之间的通信联络；为维护调整飞机以及给飞机加油等地勤服务提供便利。

综上所述，内话系统可以实现驾驶舱、客舱服务员位置处和全机的各个维护和服务区域之间的通话。

（二）服务内话系统组成

机上应设置四个手持送受话器和相应的四个插座，驾驶舱中央操纵台上安装一个，客舱三个服务员位置处各安装一个。

(1)驾驶员/客舱服务员呼叫。机上服务内话系统对客舱来说最大的方便是实现了驾驶员对服务员，服务员对驾驶员以及服务员对服务员的呼叫。

驾驶员对客舱服务员呼叫。位于驾驶舱顶部板上设有一个呼叫服务员开关和一个服务员呼叫信号灯/复位开关组件。当驾驶员位置处的扬声器发出"叮咚"音时，客舱服务员位置处的粉红色主呼叫灯亮，从而提醒服务员"驾驶员在呼叫"。

客舱服务员对驾驶舱呼叫。位于前、中和后服务员位置处的手持送受话器上均设有一个带保护装置的"呼叫驾驶员"开关。当从任一服务员位置处向驾驶员发出呼叫时，驾驶舱中的服务员呼叫灯亮，从而提醒驾驶员"客舱服务员在呼叫"。在发出呼叫的手持送受话器上的呼叫驾驶员开关的LED亮。当将手持送受话器放回到架上时，LED熄灭。

客舱服务员之间呼叫。位于前、中和后服务员位置处的手持送受话器上设有一个带保护装置的"服务员呼叫服务员"开关。

(2)当从任一服务员位置处发出呼叫时，位于前、中和后客舱服务员位置处的扬声器发出"叮咚"音，此时客舱服务员位置处的粉红色主呼叫灯亮。

(3)在发出呼叫的手持送受话器上的呼叫服务员开关的LED亮。

(4)当将手持送受话器放回到其架上时，客舱服务员主呼叫灯均应熄灭。

二、话音记录器和飞行数据记录系统

（一）驾驶舱话音记录器系统

(1)机上装有一套话音记录器系统。在驾驶舱内装有ARINC577型驾驶舱话音记录器，用来自动连续地记录飞机机组人员发出和接收到的各种话音信号以及驾驶舱内的声音，以便在飞机意外事件发生后进行事故分析。

(2)话音记录器面板上装有水下印象定位信标，当话音记录器落在水下时，信标的水敏感开关启动,定位信标向周围水域辐射音响脉冲,寻找话音记录器的人员根据探测到的辐射脉冲信号,能够锁定话音记录器在水中的范围,从而为打捞提供准确信息。话音记录器外表面为橙色,便于水中识别。

(3)话音记录系统由一台驾驶舱话音记录器和一个话音记录器监控板组成。

(4)该系统中的接地控制继电器和停机刹车开关与抹音电路连锁,只有当飞机在地面且处于刹车状态时,按压监控板上的抹音按钮约2秒钟,才能抹去记录在磁带上的信号。磁带和磁带传动部分保存在封闭的盒体内,能记录飞机坠毁时的环境条件。该系统外表面为橙色,便于水中识别。

(二)飞行数据记录系统

1. 目的和用途

飞行数据记录系统主要用来采集、接收和存储在飞行前以及飞行中的一些重要数据。可提供飞机坠毁事故前一段时间记录下来的特定飞行参数。

2. 系统组成

机上设有飞行数据记录系统,该系统由下列部件组成:
- 数字式飞行数据记录器。

数据记录器带有一个水下定位信标,便于在飞机坠毁后发现该记录器坠落位置。数字式飞行数据记录器有足够记录、保持数据的能力。该记录器由不锈钢制成,外壳为橙色,重量约12.7公斤(28磅)。
- 加速度计。
- 飞行数据采集装置。

该装置接收各传感器发送来的信号并对其信号进行监控。然后将传感器来的信号转换成标准数字格式信号输入数字式飞行数据记录器(或数字式维修记录器)。
- 飞行数据输入板。

飞行数据输入板的功能是:将空勤人员输入的数据直接传送到飞行数据采集装置和飞行数据记录器,并且通过管理控制装置传送到数字式维修记录器。
- 管理控制装置。

该装置的功能是:监控飞行数据采集装置的数据输入,并控制数字式维修记录器的信息输出。
- 数字式维修记录器。

数字式维修记录器功能是:在一定条件下接通或断开,记录来自管理控制装置的数据,记录时间由管理控制装置控制。

3. MD-82 飞机综合数据系统的飞行数据记录器的性能

- 飞行数据记录器应记录时间、高度、空速、正常加速度、航向及发动机有关性能参数。
- 记录飞行中的实际姿态。
- 飞机从离地到着陆整个飞行期间飞行数据记录器都应进行记录。MD-82 飞机的数字式飞行数据记录器能容纳 25 小时的营运时间内记录的数据。

本章小结

本章主要介绍了机上通信系统的组成,着重讲了与客舱有关的通信系统的组成、作用及使用方式。

第六章 氧气系统

> **课前导读**
>
> 本章主要介绍机上氧气系统的组成、工作原理以及不同机型氧气系统的简介和分布图。
>
> **教学目标**
> 1. 了解氧气系统的组成及工作原理。
> 2. 重点掌握各机型客舱氧气系统的分布以及氧气系统的操作。

第一节 氧气系统概述

一、作用

氧气系统的功能是确保在飞行中飞机机身在失压的紧急情况下为机上人员提供呼吸用氧气。

二、组成

MD-82飞机氧气系统由两套完全独立的氧气系统,即空勤氧气系统和旅客氧气系统(包括服务员)组成,此外各机型客舱内还配有便携式氧气装置。

1. 空勤氧气系统

空勤氧气系统也称前驾驶舱氧气系统,是一套增压式气态氧气系统。驾驶舱采用的常规高压气态氧气系统,具有供氧时间长的特点,有利于保证空勤机组人员正常工作能力,确保飞行安全。位于驾驶舱后部右侧角落处设有一个可快速更换的高压氧气瓶,其容积为 48 立方英尺,B737 由单个氧气瓶供氧气(容量 114 立方英尺),正常供氧时,可供驾驶舱人员使用 2 小时。氧气瓶上设有一个氧气压力表、一个关断活门和一个释压装置。

在驾驶舱内装有三个快戴式口鼻氧气面罩,分别用于正驾驶、副驾驶和观察员。每个面罩内均设有一个话筒。另外,在驾驶舱内还设三副防烟护目眼镜。正驾驶、副驾驶和观察员每人一副。

在高空飞行座舱失密情况下,空勤氧气系统可以为空勤人员(包括正、副驾驶员和一名观察员)提供足够的氧气以维持正常飞行和保证空勤人员生命安全。另外,空勤氧气系统还可以防止吸入烟和有害气体对人体造成的危害。需要供氧时使用快戴稀释式供氧面罩、调节器,由安装在氧气面罩上的调节器控制氧气流量,这些面罩、调节器位于每位机组人员位置处,调节器通常选择在 100%供氧位置。当座舱在高度超过 3 000 米(10 000 英尺)运行时,驾驶舱内执勤的每一机组成员必须用氧。

2. 旅客氧气系统

旅客氧气系统采用固态化学氧气系统,由包括氧气发生器、氧气面罩和软管的氧气发生和分配装置及电气控制线路组成。每个独立的化学氧气发生器连同其附加面罩和互连软管组成一个组件。该化学氧气发生器设置在客舱下列位置:在每排旅客座椅上方、行李箱下部的服务板内和公共设施区及服务员座位上方均装有组合式化学氧气组件。

当氧气面罩拉向使用者时,力作用在拉火索上,氧气发生器开始供氧。

氧气发生器是一种固态化学供氧装置。氯酸钠芯体在雷管起爆后发生化学反应产生氧气,在芯体外面包有绝热层,避免芯体化学反应产生高温损坏周围部件。

氧气面罩将氧气输送给用氧者并使氧气浪费减到最少。面罩上装有吸气和呼气活门。并附带有储气袋、软管和拉火索。

当座舱失密、座舱高度达到 4 268 米时,膜盒电门接通氧气面罩弹射开关,旅客氧气锁定机构使氧气组件门打开,氧气面罩自动掉下。当旅客(或服务员)向面部拉动面罩时,加压于拉火索上的力拔出氧气发生器点火销,使雷管起爆,化学氧芯点燃后几秒钟内即产生氧气。通过氧气发生器内的过滤罩过滤后,流到氧气出口,经过软管,纯氧进入储气袋再到面罩。供氧流量按预定程序逐渐下降,以满足飞机下降时流量要求,当流量下降时氧气面罩用座舱空气稀释纯氧。

3. 便携式氧气装置

座舱内还配有便携式氧气装置。便携式氧气装置是一种机动应急供氧装置,采用气态氧源。驾驶舱装有一套便携式氧气装置,旅客舱一般备有3~5套便携式氧气装置,其主要部件为手提式氧气瓶,这些氧气瓶安装有可随意使用的面罩,供空勤和机上服务员在座舱失密、防烟情况下移动时使用,同时也可用于紧急救护。该装置重量轻,使用方便。

(1) 驾驶舱便携式氧气装置

在驾驶舱内设有一个容积为11立方英尺的便携式带有调节器的高压气态氧气瓶,氧气瓶安装在能够快速分离的托架上。

(2) 客舱服务员便携式氧气装置

在客舱内设有服务员使用的4个容量为4.25立方英寸的便携式高压氧气瓶,每个氧气瓶都带有调节器和面罩。这些便携式氧气瓶设置在旅客舱的下列部位:

    a. 在右侧第一顶部行李箱内安装两个;
    b. 在左侧最后一个顶部行李箱内安装两个。

氧气瓶连同调节器及其连接在一起的面罩安装在能快速分离的托架上。每个氧气瓶应具有每分钟4升和每分钟2升的两个出口。在后部顶部行李箱内靠近两个氧气瓶处设有两个附加面罩与这些氧气瓶一起使用。

三、工作原理

空勤氧气系统由高压氧气瓶、供氧压力调节器、氧气稀释调节器、氧气面罩和快卸接头等组成。

压力为1 850磅/英寸^{2}的高压气氧由氧气瓶切断活门控制,氧气瓶内氧气压力由瓶上的压力表指示。经过压力调节器活门使氧气压力降到50~70磅/英寸^2,然后到稀释调节器,MD-82飞机装有正驾驶员、副驾驶员和观察员三个稀释调节器。稀释调节器的功能是自动控制空气和氧气的混合比,随着座舱压力变化其混合比也随之变化。在调节器面板上装有三个开关,可选择供氧方式。其中供气开关用于接通或断开供氧;稀释开关在"100%氧气"位置为面罩供纯氧,"正常氧气"位置时氧气与空气根据座舱高度混合,应急开关则在调节器自动工作发生故障时用来供给百分之百纯氧,并还可用于试验。在驾驶舱内,每个空勤人员处有一个快戴式氧气面罩。在稀释调节器面板上有一个"流量",指示器指示供氧工作,一个压力表指示调节后的氧气供气压力。

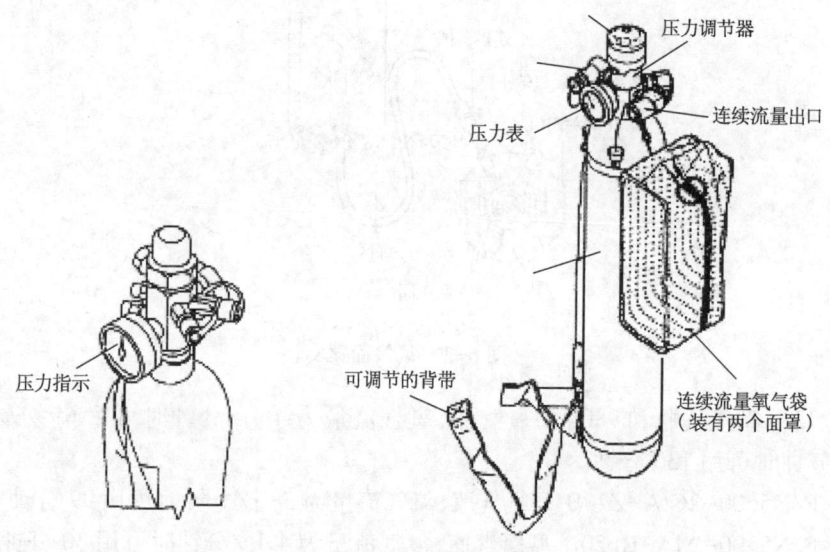

图 6-1　氧气瓶示意图

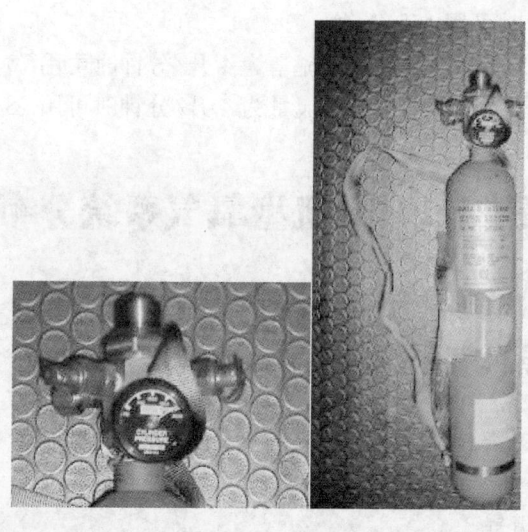

图 6-2　氧气瓶实物图

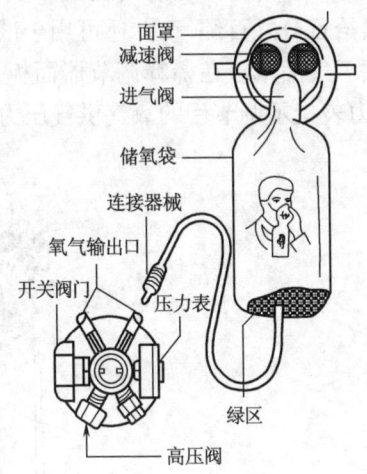

图 6-3　氧气面罩

9700 型氧气瓶和 9800 型氧气瓶,氧气流量为 4 升/分钟时可用 65 分钟,2 升/分钟时可用 130 分钟。

P/N5600-2CIA-Z20B 型氧气瓶,氧气流量为 3 升/分钟时可用 99 分钟。

P/N5500-AIA-BF20B 型氧气瓶,氧气流量为 4 升/分钟时可用 30 分钟,氧气流量为 2 升/分钟时可用 60 分钟。

P/N5500CIABF23A 型氧气瓶,氧气流量为 4 升/分钟时可用 78 分钟,氧气流量为 2 升/分钟时可用 155 分钟。

P/N176965-31 型氧气瓶,氧气流量为 4 升/分钟时可用 75 分钟。

P/N176965-14 型氧气瓶,氧气流量为 4 升/分钟时可用 78 分钟。

第二节　各机型氧气系统分布

一、应急氧气系统（化学）

1. 目的

释压下提供氧气。

2. 操作

当客舱高度大约在 4 200 米时氧气面罩储藏箱盖板自动打开、面罩落下。用力拉下任何一个面罩使氧气发生器的锁定销拔出,氧气发生器开始工作。将面罩罩在口鼻处,然后正常呼吸。

每一个氧气发生器可持续工作 12~15 分钟,不管高度是多少,氧气用完气流终止。氧气不可被关断。

适用高原飞行的飞机上,一旦遇到释压可向旅客提供至少 55 分钟的用氧,该氧气可被驾驶舱人工关断。

3. 特殊考虑

氧气发生组件能够发热并会增加客舱的温度。

会闻到燃烧的气味,并可能会出现一些烟雾。

厕所内有两个氧气面罩。

乘务员氧气面罩位于每个折叠座椅上方的面板内。

若盖板不能打开,在盖板上的小孔中插入一个针状物,即可松开盖板的锁定机构。

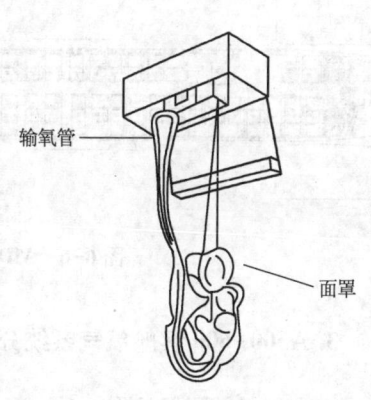

图 6-4 氧气面罩脱落

二、各机型客舱氧气系统分布图

1. MD-82 客舱氧气系统分布图

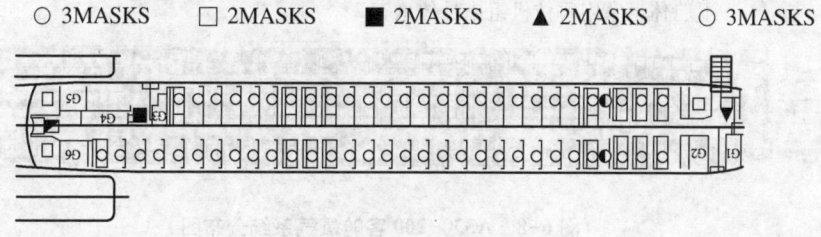

图 6-5 MD-82 客舱氧气系统分布图

2. MD-90 客舱氧气系统分布图

● 3MASKS　　▲ 2MASKS　　◇ 1MASKS(MID ATTENDANT SEAT)
◆ 2MASKS(FWD、AFT ATTENDANT SEAT)　L2MASKS(LAVATORY)

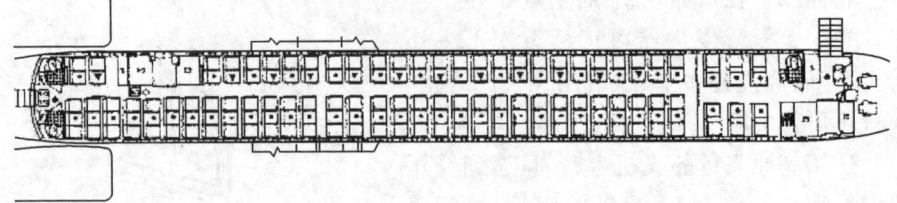

图 6-6　MD-90 客舱氧气系统分布图

3. A300-600 客舱氧气系统分布图

A=ATTENDANT SEAT　　G=GALLEY　　L=LAVATORY
+ 2MASKS　　· 3MASKS　　■ 4MASKS

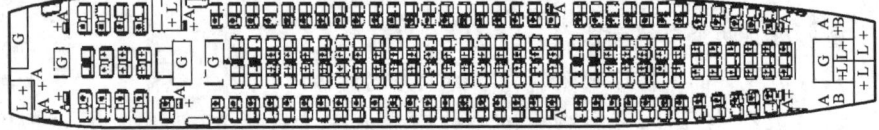

图 6-7　A300-600 客舱氧气系统分布图

4. A330-200 客舱氧气系统分布图

▲ 2MASKS　　■ 3MASKS　　◆ 4MASKS
· 5MASKS　　+ 6MASKS　　× 14MASKS

（下舱休息室内每位机组成员休息有 2 个）

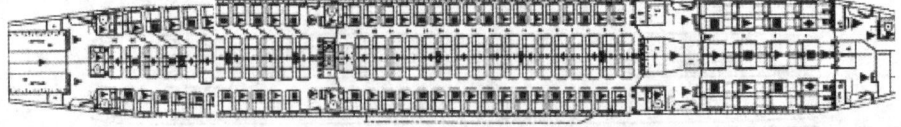

图 6-8　A330-200 客舱氧气系统分布图

5. A330-300 客舱氧气系统分布图

▲ 2MASKS　　■ 3MASKS　　◆ 4MASKS
· 5MASKS　　+6MASKS

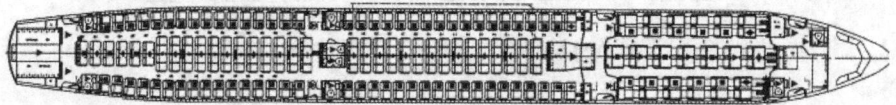

图 6-9　A330-300 客舱氧气系统分布图

6. A340-300 客舱氧气系统分布图

A=ATTENDANT SEAT　　G=GALLEY　　L=LAVATORY
+2MASKS　　● 3MASKS　　▲ 4MASKS

（下舱休息室内每位机组成员休息有 2 个）

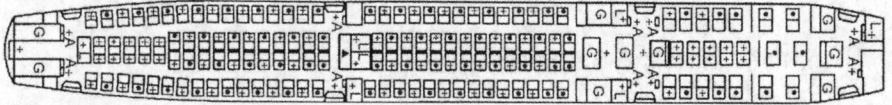

图 6-10　A340-300 客舱氧气系统分布图

7. B737-300 客舱氧气系统分布图

2　2MASKS—ATTENDANT SEAT,LAVATORY
3　3MASKS—RIGHT SIDE OF THE CABIN
4　4MASKS—LEFT SIDE OF THE CABIN

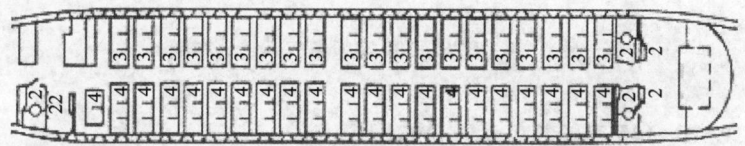

图 6-11　B737-300 客舱氧气系统分布图

8. B737-700 客舱氧气系统分布图

2　2MASKS—ATTENDANT SEAT,LAVATORY
4　4MASKS—CABIN

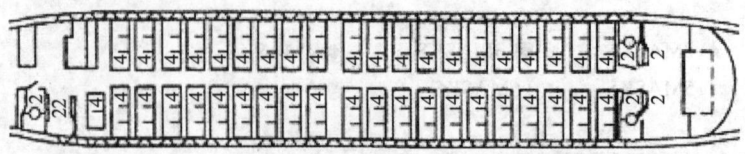

图 6-12　B737-700 客舱氧气系统分布图

9. B737-800 客舱氧气系统分布图

A=ATTENDANT SEAT　　G=GALLEY　　L=LAVATORY
● 2MASKS　　　　　　　　　　+4MASKS

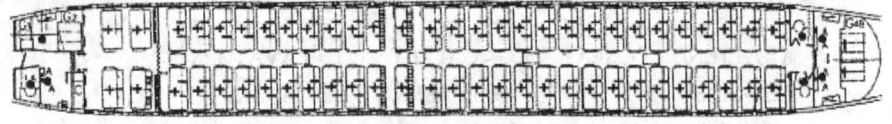

图 6-13　B737-800 客舱氧气系统分布图

10. B767-300 客舱氧气系统分布图

2　2MASKS—ATTENDANT SEAT
3　3MASKS—CABIN
4　4MASKS—CABIN

图 6-14　B767-300 客舱氧气系统分布图

11. EMB-145 客舱氧气系统分布图

A=ATTENDANT SEAT　　　L=LAVATORY
★ 2MASKS(6)　　　　　　● 1MASKS(18)
+ 2MASKS(22)　　　　　　▲ 3MASKS(15)

第六章 氧气系统

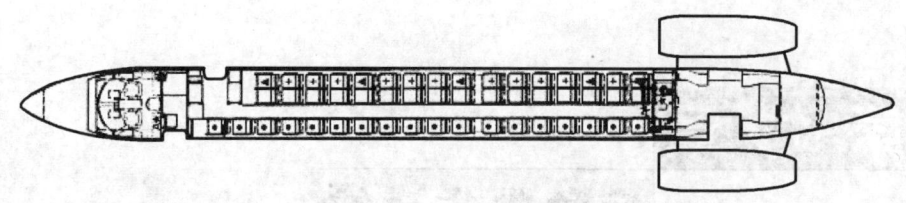

图 6-15　EMB-145-300 客舱氧气系统分布图

本章以 MD-82 飞机为例介绍了机上氧气系统的组成、工作原理以及不同机型氧气系统简况和分布图。

第七章 应急救生系统

• 课前导读 •

本章主要介绍MD-82飞机应急救生系统的组成、救生设备的数量及其在机舱内的位置,并通过案例分析应急救生系统所起的作用。

教学目标

1. 了解应急救生系统的组成、数量及其在机舱内的位置。
2. 重点掌握各种应急救生系统的使用方式和操作步骤。

第一节 MD-82飞机应急救生系统

一、MD-82飞机应急救生系统的组成

(一)陆上救生设备

陆上救生设备包括应急撤离滑梯组件,逃生绳(包括客舱与驾驶舱两种),应急斧,急救药箱,手提式扩音喇叭等。

(二)海上救生设备

海上救生设备包括救生船组件,个人救生衣组件和应急救生电台。此外,还有可作个人漂浮用具的机内各座椅的防震靠垫等。

第七章 应急救生系统

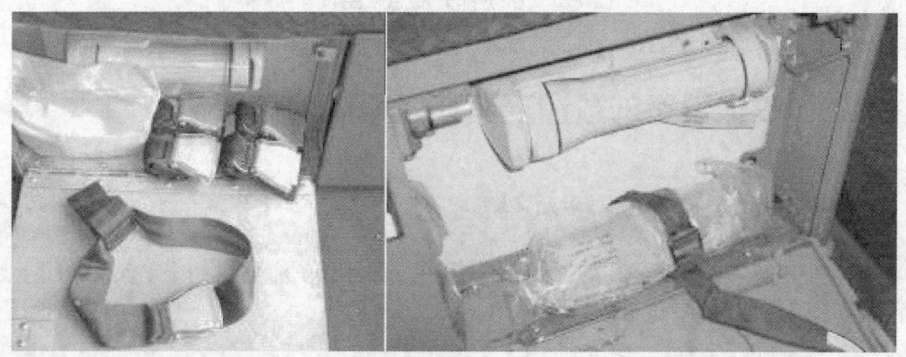

图 7-1 乘务员座椅下应急救生设备

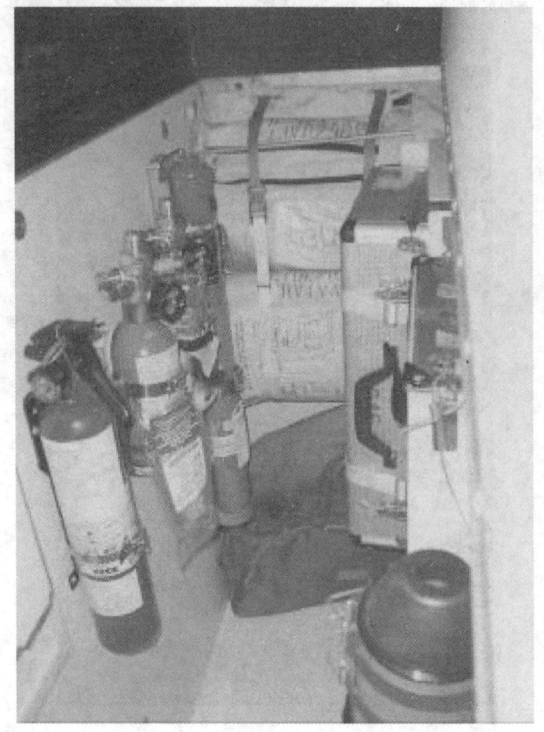

图 7-2 机上部分应急救生设备

二、救生设备的数量及其在机舱内的位置

(一)应急撤离滑梯组件

全机共有 4 具,可充气的撤离滑梯组件,分别设在前登机门上、前服务门上、后服务门上以及机身尾部。

(二)应急逃生绳

全机共有 6 条,分别设在驾驶舱可开启的左右风挡玻璃上方和客舱机翼上方四个应急出口处。

(三)应急斧

全机仅有一把,设置在驾驶舱内、航向右侧分舱板上。

（四）急救药箱

全机共有 3 只，分设在前、中、后部的顶部行李箱里。

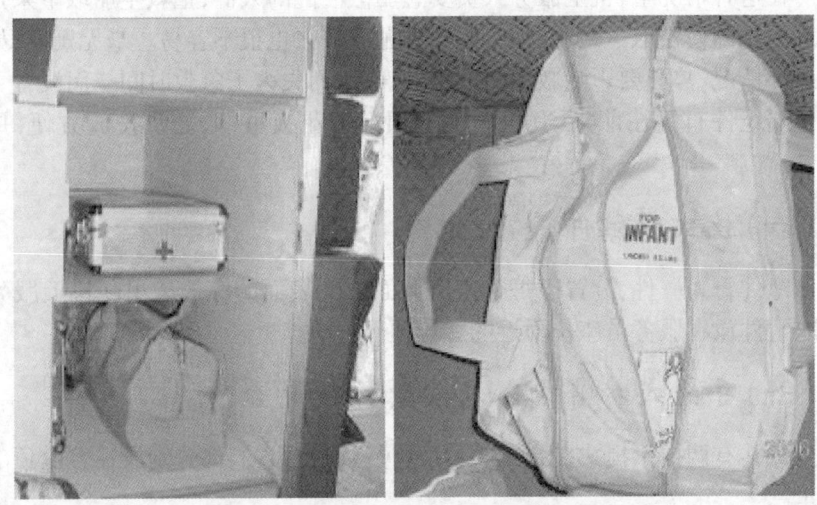

图 7-3　客舱行李箱的急救药箱和救生衣

（五）救生船组件

全机共有 5 具，分别设在机身中段、中央过道顶部的救生船存放箱里。其中两具靠近前登机门，另外两具靠后服务门，还有一具在客舱中部。

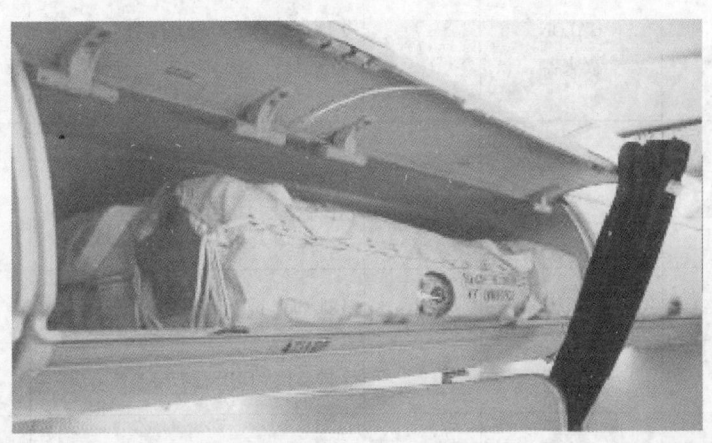

图 7-4　救生船

这里要说明的是5具救生船组件中其中有一具存放在客舱中部,存放位置不合理。因为在应急时,可以想象舱内可能比较混乱,按照常规经验,乘客总是急于逃生,纷纷拥向机舱出口,即使有机上服务人员管理、组织疏导,也难免拥挤混乱。在这种情况下,机上服务人员要想驱散混乱的人群,把救生船取下来是比较困难的。即使被取下来,要想将其搬到抛放口去也很不容易。毫无疑问,如果出现这种情况,势必要影响救生船的投放速度,而失去了急救时间。而波音飞机的救生船组件布置在前、后登机门附近顶部天花板里,取之及投放方便,是合理的。

(六)救生衣组件

该组件每人一件,分置于每个座椅椅面下部表面的存放袋里。机上服务员救生衣组件放在服务员座位附近的客舱顶部行李箱里。

(七)手提式扩音喇叭及应急呼救电台

全机共有两把手提式扩音喇叭,一台呼救电台,它们都分别放在客舱顶部行李箱里。

表7-1 MD-82应急设备分布位置

图标	名称	客舱数量	客舱存放位置	驾驶舱数量
	氧气瓶	4	2排、10排、17排、31排 CDE 行李架上各1个	2
	HALON灭火器	2	2排行李架上、后舱31排 AB 后面各1个	1
	水灭火器	2	1排 AB 行李架上1个、后舱31排 AB 椅背后下方1个	
	急救药箱	1	4排 CDE 行李架	
	急救箱	2	2排、31排 CDE 行李架上各1个	
	麦克风	2	1排、31排 AB 行李架上各1个	

续表

图标	名 称	客舱数量	客舱存放位置	驾驶舱数量
	应急斧			1
	婴儿/儿童救生衣	4	飞机左边最后一个行李架内	
	旅客/机组救生衣	143+5	每个机组人员和旅客座位下一件	3
	救生船	4	普通舱：前、后部天花板上共4个	
	紧急出口无滑梯	4	客舱中部机翼紧急出口共4个	2
	紧急出口带滑梯	4	1L门1个，尾锥门1个(可抛掉尾锥)，1R门、2L门各1个	
	加长安全带	4	飞机左边最后一个行李架内	
	手电筒	5	每个乘务员座位附近各1个	3
	应急轻便灯	1	在前乘务员座位边靠门框处，可用30分钟	
	脱离绳	2	在客舱两侧机翼紧急出口处各1根	2
	演示包	2包	1排AB行李架内2套，31排AB行李架内1套(集成包装)	

三、应急撤离通道（应急撤离路线）

MD-82飞机在发生紧急情况迫降时，可通过下列通道撤离飞机：
a. 在驾驶舱内可打开的观察窗；

b. 前登机门；

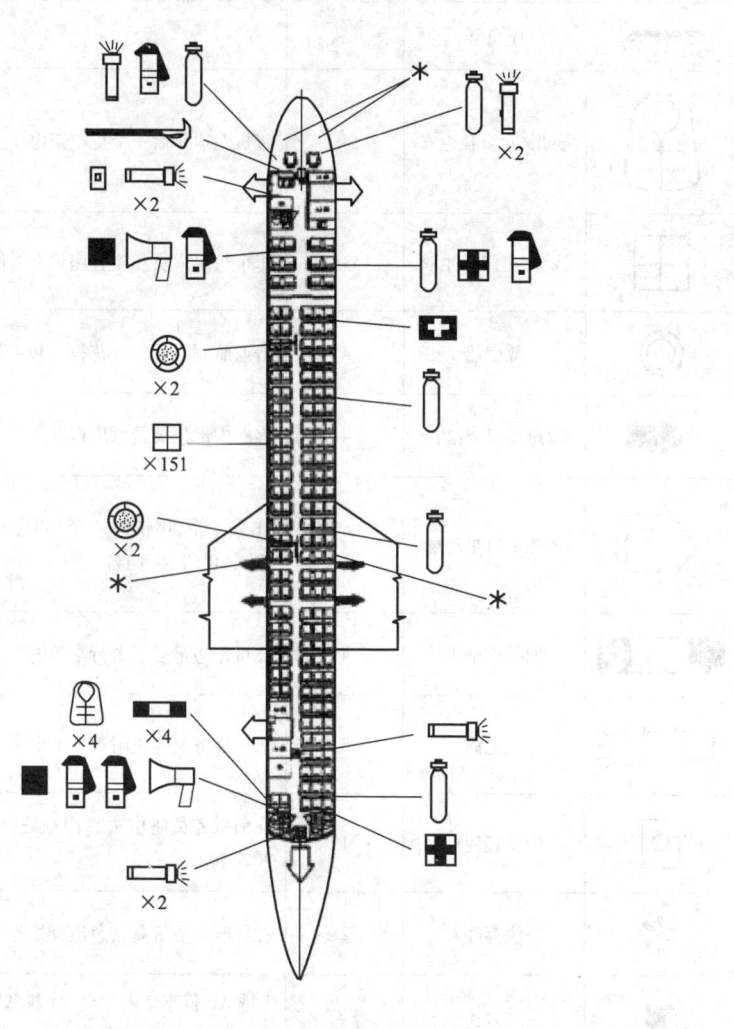

图 7-5　MD-82 应急设备分布图

c. 前厨房服务门；

d. 机翼上方(4个)应急出口：位于机翼上方的机身两侧，每侧有 2 个应急窗口；该应急窗口从飞机的里面和外面都能打开，便于旅客快速撤离飞机；

e. 后厨房服务门；

f. 尾锥舱后的后附件舱。

第七章 应急救生系统

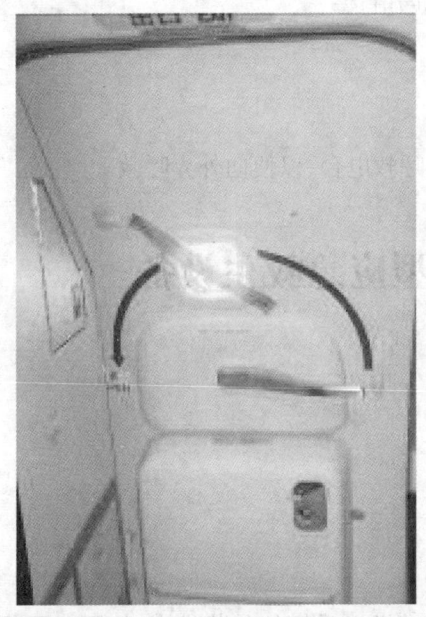

图 7-6 登机门

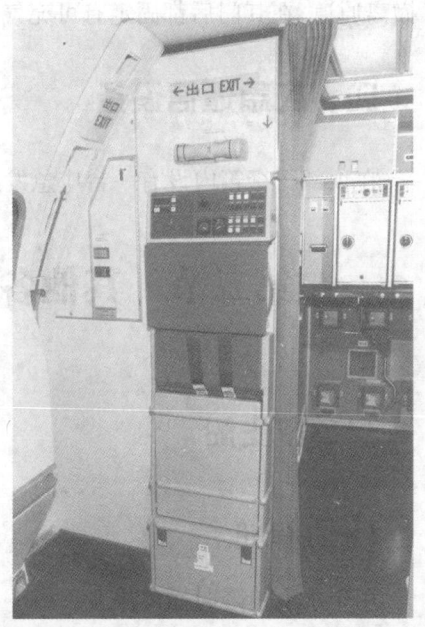

图 7-7 厨房出口

图 7-8 应急出口

不过,问题在于如何实现这样的撤离方案,特别是被撤离人员如何合理地疏散到各自的或指定的出口,实现图示的撤离安排。这里要说明的是:上述从 b 到

f 撤离通道,在其门后都固定有可充气的撤离滑梯。

四、应急通信设备

在顶部行李箱内设有一台应急发射机呼救电台,以便向外界呼救。

第二节 其他各类型应急救生设备

一、救生船

(一)作用

用于水上迫降时撤离旅客。

救生船为圆形/椭圆形,折叠后装入带有搬运手柄的包装袋中,使用时无须解开包装袋上的绳扣。救生船包重量为50~64千克。

两个充气管分别位于船的上下两侧。

无论哪一面在上,救生船都可以使用。

断开手柄、人工充气手柄、缠绕好的系留绳位于包装袋上一块颜色显明的盖布下。

救生包系在展开的船上,由一根绳子连接着漂浮在水中,撤离时必须将其拉入船上。

(二)救生船内设施

救生船上所有设备都有标牌以便迅速识别。不使用时,设备必须储藏并固定在船上以防丢到船外。

1. 天篷

天篷用于保护幸存者免受日晒和在炎热天气下避免脱水,保持救生船干燥,它色彩明亮,具有反射性的颜色可用作信号装置,并在下雨时获得水源。

安装步骤一:

从救生包中取出天篷和支撑杆;

将天篷支撑杆插好并固定;

将救生船定位灯露出天篷；

确信天篷拉链式的开口在登船位，支撑杆穿入天篷上的孔中将天篷支起来，从逆风一侧开始撑以便在大风天气控制天篷；

用索扣或小绳子将天篷与船固定好。

安装步骤二：

(圆形船)将中央支撑杆的接头接好；将支撑杆插入救生船天篷顶部的支撑孔或支撑杆固定位并固定好，再将支撑杆插入底部的支撑孔处并固定好。

安装步骤三：

从救生包中取出天篷并展开；

按照包装袋上的说明，将天篷罩在两侧的充气柱上，将天篷顶部的系留绳与相对应的充气柱顶部附近的系留点相连接；

用嘴对松软的天篷支柱吹气，将其安放在救生船中央，支起救生船中部；

将天篷的系留绳系在对应的中央充气柱系连点上；

按下述方法打开位于天篷两端即可进行对流通风，两个固定绳索位于天篷的表面顶部和对应的内侧顶部；将天篷布向上卷起至固定绳索处，用内外固定绳索将其固定住。

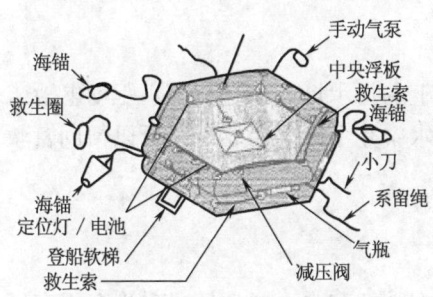

图 7-9　圆形救生筏装置图

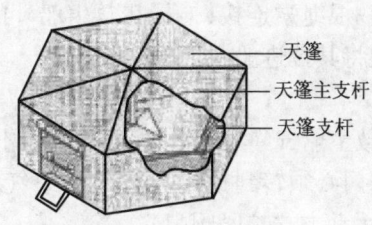

图 7-10　带天篷的圆形救生筏装置图

2. 钩形小刀

钩形小刀安装在系留绳旁,用来割断系留绳将船与飞机脱离开。这项工作必须在旅客撤离结束后尽可能早地完成,以防止接触到尖锐的金属残片或溅出的燃油。

3. 救生圈

救生圈上连接有一个带橡皮环的缆绳,用来营救落水旅客或将救生船与救生船连接起来。

4. 海锚

海锚是一个小的伞状尼龙织物,系在船的外侧边缘,它的位置在船身上有标记。在一些救生船上它是自动抛放的,另一些救生船上则必须把它从袋中取出然后人工抛出。

为便于营救,应将船与船连接后停泊在飞机附近。

抛锚时应在救生船逆风的一侧,以减少救生船在水上的漂荡和打转。

5. 定位灯

定位灯与救生衣上的指示灯一样是利用水驱动电池工作的。它位于登船位附近用以帮助旅客从水中登上救生船。灯光可以帮助营救人员在狂风暴雨中识别救生船。

6. 救生包

包内的东西对于在陆地和水上紧急情况时生存很有用。在所有展开的救生船、滑梯/救生船上,救生包都是系在滑梯救生船上的,A320/A321型飞机在水上迫降准备时需人工将储藏在行李架上的救生包连接到滑梯/救生船的锁扣装置上。在水中救生包由一根绳索连接,拖挂在救生船外的。在救生船、滑梯/救生船与飞机脱离后,尽快将其拉进船内。

(1) 人工充气泵

用来给充气不足的救生船气囊充气。插入或拧入阀门(在明显指示处),如果是拧入的,在充气前阀门必须转到打开位置,在拆下气泵时阀门应在关闭位置(必要时卸下气泵后,用手动方式拧紧阀门)。

关闭时应逆时针旋转。

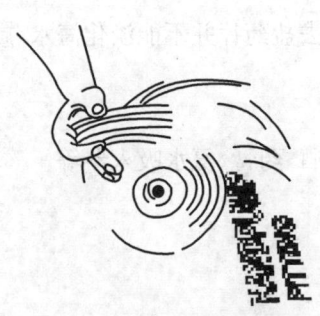
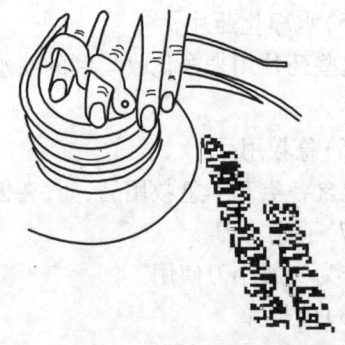

图 7-11　人工充气泵阀门　　　　　图 7-12　旋转阀门

(2) 救生船手册/求生手册

手册内容包括救生船及其设备维护说明和详细的求生说明。

(3) 修补钳

修补钳用来修理破损的救生船面。操作时小心撕开或用小刀割开小的磨损口将修补钳下部的垫片穿入磨损口；面向内层将垫片放平，然后将上方的盖片压下盖好封严；放下翼形螺帽将修补钳的两部分垫片拧在一起。在修补钳上拴着的长绳必须在船上系好，以防掉出船外。

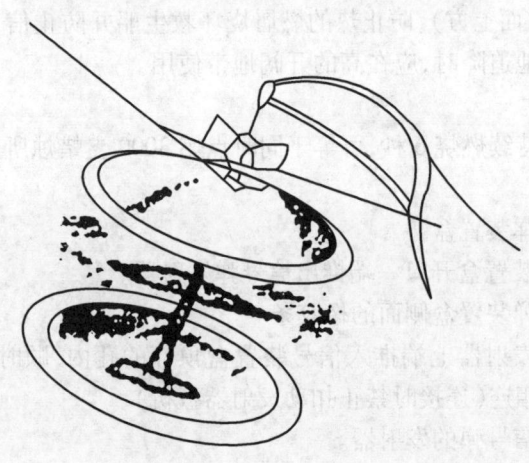

图 7-13　修补钳

(4) 饮用水

大部分救生包中都装有几升的饮用水，如果是罐装饮用水必须备有开罐工具。

(5) 水净化药片

这些药片用来净化收集到的淡水,但不是去盐药片并不能淡化海水/咸水以供饮用。

(6) 急救用品

包含各类基本急救用品,如,夹板绷带、碘酒、药膏、氨水吸入器等。

(7) 通用小刀

作为一般小刀使用。

(8) 信号弹

种类一:

为单筒双端的类型,信号弹壳体外印有说明书,只有在飞机或船确实可以被看到或接近时才发射信号弹,使用时打开盖子,拉出信号弹中环形导火线引燃信号弹。使用完后,将燃过的一端浸入水中。冷却后,保存好信号弹未用的一部分并存放在救生包内。

白天发射的一端盖面上摸起来是平滑的。弹筒内喷射出明亮的橘红色/红色烟雾,晴朗、无风的天气可以在12公里外看到,并且烟雾可持续20秒。夜晚发射的一端是通过保护盖上的几个突出圆点区分的。信号弹喷射出闪亮的红色光柱,晴空的夜晚可以在5公里外看到,并且亮光持续大约20秒。

操作注意事项:确认好端部再使用;水上迫降时,在船的下风向一侧握住信号弹伸出船外(水面上方),防止热的燃屑烧坏救生船并防止信号弹的烟雾吹向船上的人员。陆地迫降时,应在高的开阔地带使用。

种类二:

这种信号弹持续燃烧6秒,可等于同时点燃3000支蜡烛所产生的光度。

操作方法:

a. 取出信号弹装置盒。

b. 沿信号弹装置盒开口一端推出信号弹发射器。

c. 拉开信号弹装置盒侧面的橡胶条。

d. 将信号弹发射器上端推入信号装置盒顶部的孔内,顺时针转动到位,使信号弹与发射器相连(连接时禁止扣动发射器扳机)。

e. 拔出带有信号弹的发射器。

f. 将发射器竖直举过头顶,大拇指向下扣动扳机并迅速松开,信号弹即射出。

g. 逆时针旋转信号弹的残余部分,将其从发射器上卸下,将发射器推进信号弹装置盒内,合上侧面的橡胶胶条。

第七章 应急救生系统

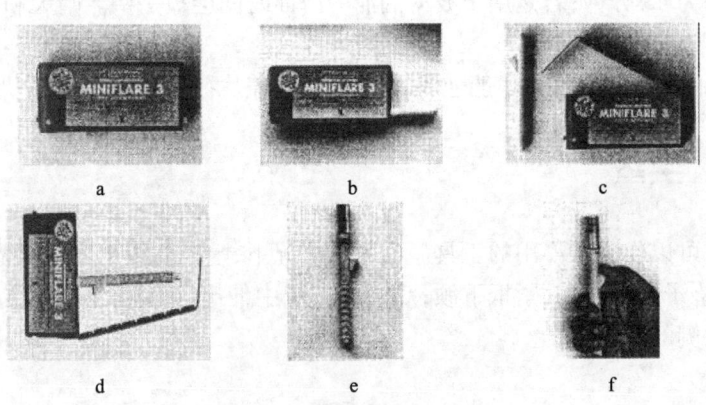

图 7-14 信号弹操作示意图

注意事项：
若在咸水中浸泡后，用清水冲洗发射器和储藏信号弹的凹槽，以防信号弹装置盒内的金属受海水腐蚀；发射装置工作时会产生巨大的热量，切勿射向人群；发射前不要扣动扳机。

(9) 手电筒

靠电池工作时利用开关或浸入水中接通。在不用时一定要保存好电池。手电筒开启时，亮光在 15 公里的海域内都可以看到。

(10) 信号反射镜

用来向过往的飞机和海上的船只反射太阳光，镜面上反射光的视程可超过 23 公里，反射镜可反复使用，若在白天连续使用，可以给船上的人员互相传用。

使用时，将太阳光从镜子上反射到一个近旁的表面(筏、手等)；渐渐将镜子向上移到眼睛水平处并能通过观察孔观看到一个光亮点，这就是目标指示光点；慢慢地转动身体调节镜子方向使目标指示光点落在目标上。需要注意的是拴在镜角上的绳子必须在手上套好，以免掉入水中。

(11) 哨子

哨子可以在雾天或晚上时用来召唤幸存者，或其他救生船以及水上较近区域的船只。

(12) 舀水桶、吸水海绵

舀水桶、吸水海绵用来收集水或清除船内积水。

(13) 海水染色剂

海水染色剂适合在看到搜寻和营救人员并且海水相对比较平静时使用，这种海水染色剂含有的化学试剂可以将救生船周围 300 米的水染成荧光绿色，持续时间约为 45 分钟;若是用于波涛汹涌的海面时间会短一些。晴天和日光下平静的海面上容易被看到。

使用时将短绳系在救生船逆风的一方,拉下盖片释放染色剂,然后扔到水中。

二、坐垫

坐垫可以作为漂浮用的工具。在紧急情况下,上拉并拔出客舱坐垫;将带子展开,把垫子压在胸前,紧抵下颌;双臂从带子中伸出,坐垫紧抵下颌,双手相扣或抓住两侧的带子。

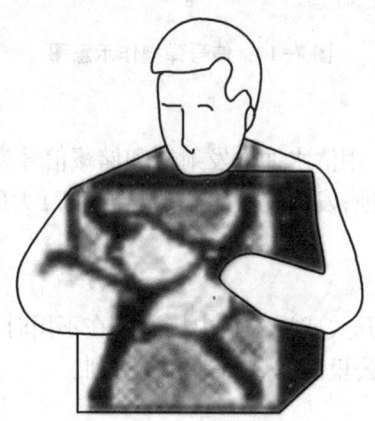

图 7-15 坐垫

三、救生衣

救生衣是供漂浮时使用的。

(一)成人救生衣

拉黄色标签带打开塑料包取出救生衣;
将救生衣从头上穿过,红色充气阀门应在身前;
将带子从后向前扣好,系紧;
调节带子的松紧,使救生衣下端与腰部吻合;
在离开飞机前拉下红色充气阀门使两个气囊充气;
如果救生衣漏气或不能充气用人工充气管充气。

(二)儿童救生衣

拉黄色标签带打开塑料包取出救生衣；
将救生衣从儿童的头上穿过,红色充气阀门应在身前；
将背后的救生衣拉下使其完全展开；
将带子从小孩的两条腿间打叉穿入前面的环中扣好,系紧；
调节带子的松紧使救生衣下端与腰部吻合；
多余长度的带子缠在小孩的腰间；
离开飞机前拉下一个充气阀门使一个气囊充气；
若救生衣漏气或不能充气用人工充气管来充气。

(三)婴儿救生衣

打开塑料包取出救生衣；
将救生衣从头部套进；
把一条腿从环形绳索中间跨过——慢慢抽动两腿间的绳索,但不要太紧；
扣好腰间的带子,并系紧；
拉动红色充气手柄或用人工充气方式使救生衣充气。

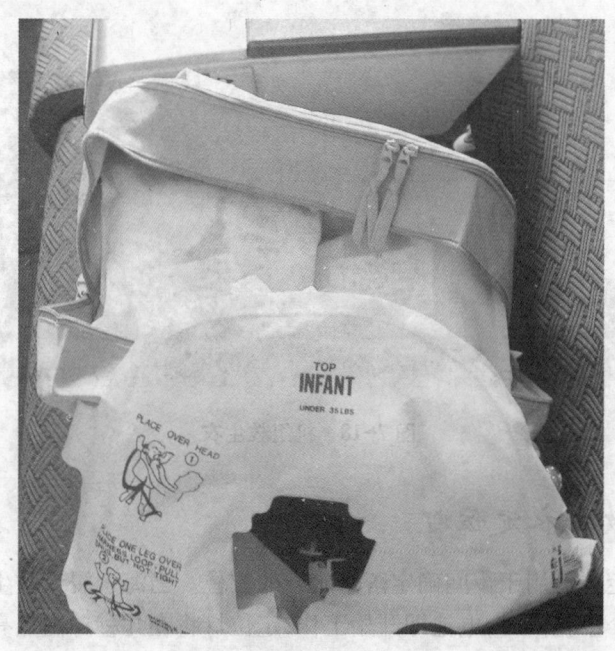

图 7-16 婴儿救生衣

(四)特殊考虑

救生衣正反可以调换;若要释放出救生衣内气体,压下充气管内的阀门并挤压救生衣使气体挤出;旅客救生衣是黄色的;机组救生衣是红色/橘黄色的;示范用救生衣是黄色的,并设计成不可充气的。

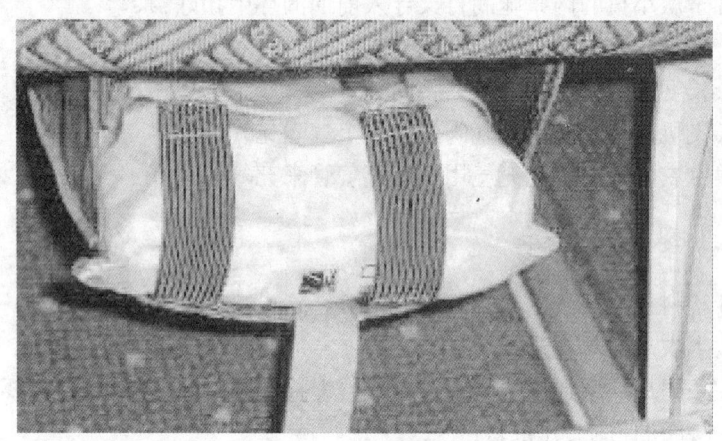

图7-17 旅客救生衣

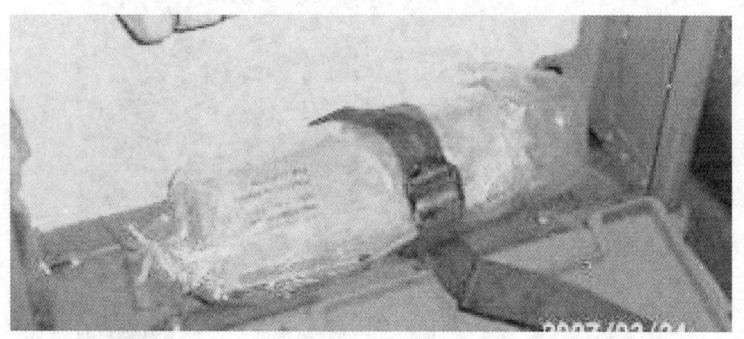

图7-18 机组救生衣

(五)救生衣定位灯

救生衣定位灯用于夜间确定落水旅客的方位。当海水浸入救生衣中底部电池块上的两个小孔内时,电池即开始工作,定位灯将在几秒钟内点亮并可持续亮8~10小时。

四、其他

(一) 手电筒

手电筒用于指挥、搜索、发出求救信号等。

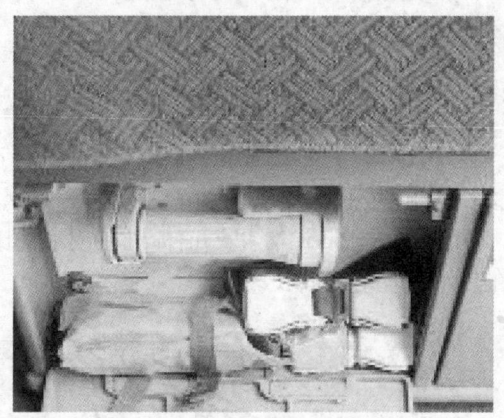

图 7-19　乘务员座位下手电筒

1. 使用有电量指示灯的手电筒(如 B737,MD82,MD90 所配置的手电筒)

直接从支架上取下灯即亮,通常可持续使用 4 小时以上。

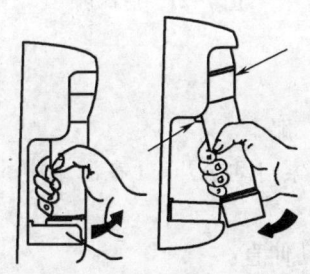

图 7-20　摘取手电筒

用后重置:把断路开关嵌入支架使之复位,否则,电池将被耗光。

电量指示灯:若闪亮间隔时间在 10 秒钟以上或变暗,表明电量不足,需更换电池。

2. 使用干电池手电筒

支架上取下,按下按钮灯即亮,如灯暗,则表明电量不足。
用完后关掉电源,放回支架。

(二)麦克风

麦克风用于联系及发布信号。使用时取下麦克风,将喇叭面向客人,按下送话键讲话。使用时可调节音量以免出现啸叫声。

(三)信标机

信标机用于在紧急情况时为援救提供一个方位信号,每次只能使用 1 个。使用时发射无线电频率,频率为 121.5MHz 和 243MHz,一旦接通,信标机将持续发射 48 小时以上,作用范围大约 350 公里。信标机在咸水中比在淡水中发射时间长,在冷水中比在热水中发射时间长。

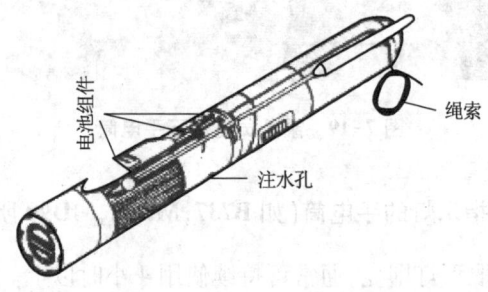

图 7-21 信标机

1. 在水上操作

将信标机上的绳索绑在船上。
将信标机投入水中,绳索自动松开。(在海水中 5 秒钟后开始工作,在淡水中 5 分钟后开始工作)
放入水中后天线即自动伸直。
使信标机与船体保持尽可能大的距离。
中止发射时,将信标机从水中取出并把它平放在船上。

2. 在陆地上操作

阅读信标机上的说明。

将信标机放到最高处,尽可能周围无障碍物。

松开绳索,伸直天线,取下缠绕在瓶体上的塑料袋。

将信标机放入盛满水的塑料袋中(不可使用带颗粒状物体的液体不停晃动),条件允许的话,经常更换塑料袋内的水,塑料袋中的水必须高于信标机的注水孔。

(四)应急斧

紧急情况时用于劈凿门窗、舱壁,应急斧的把儿是足以耐2 400伏电压的绝缘体。

图 7-22 应急斧

第三节 急救药箱配备

一、急救药箱简介

急救药箱能为机组人员和需治疗的人员提供基本的急救药品。它是仅为具有医疗执照证书、专业证明或机长认为能够使用急救箱中的器具的人员,提供便利的医疗器具。

急救药箱的锁头必须在旅客登机前被打开,药箱上的铅封或封条必须完好。如铅封已断开或封条已被撕开,乘务员应检查药箱内的药品、器械有无缺损,并填写"药箱使用反馈信息卡"。

使用时,打开锁,松开急救药箱两侧的锁扣,断开铅封,打开盒子。如药箱已使用过,航班结束后锁上药箱,扣好药箱固定锁扣,及时将"药箱使用反馈信息卡"交资料室信箱内或药箱管理部门,以保证药箱管理部门在下一个航班开始之前完成药品、器械的补充。如没用过药箱,落地后锁上锁头。

二、急救药箱内物品配备标准

表7-2　急救药箱器械和敷料配备标准

器械和敷料	配备标准
血压计	1副
听诊器	1副
剪刀	1把
口咽导气管	2套
手肩夹板	1副
腿部夹板	1副
止血钳	1把
止血带	2根
乳胶手套	1副
注射器5ML、60ML及针头	各2副
手电筒	1把
敷料块	8块
三角绷带	5包
绷带10cm×600cm	10卷
绷带6cm×600cm	4卷
消毒棉棒	40支

表7-3　急救药箱药品配备标准

药品	配备标准
盐酸肾上腺注射液1ml	2支
苯海拉明片	20片
索米痛片	20片
颠茄片	20片
小檗碱片	24片
50%葡萄糖注射液20ml	3支
硝酸甘油片0.5mg	20片
外用烧伤药膏	3支
皮肤消毒剂	100ml

表 7-4 急救药箱药物剂量、用法及注意事项

药 名	主要用途	用法用量	规 格	注意事项
50%葡萄糖注射液	低血糖症	静脉缓慢注射 20~60ml/次	20ml	1.缓慢注射 2.糖尿病患者慎用
盐酸肾上腺注射液	过敏休克、心搏骤停	皮下或肌注 0.25~1mg/次	1mg	1.缓慢注射 2.禁用于器质性病变（心脏病、高血压等）
苯海拉明片	过敏性疾病、妊娠呕吐及晕动病等	1~2片/次	50mg	
硝酸甘油片	缓解心绞痛发作	舌下含化 0.5mg/次	0.5mg	青光眼患者忌用，急性心肌梗死患者慎用
索米痛片	发热、头痛、神经痛、月经痛	1~2片/次		
颠茄片	胃及十二指肠溃疡和胃肠道痉挛	1片/次		
小檗碱片	痢疾杆菌等肠道感染	0.1~0.3克/次	0.1mg	
外用烧伤药膏	烫伤	适量涂患处		

表 7-5 急救箱配备标准

项目	数量
绷带（5列）	10卷
消毒棉签	20支
敷料10cm×10cm	8块
三角巾	5条
外用烧伤药膏	3支
绷带（3列）	4卷
胶布1cm、2cm	各1卷
剪刀	1把
橡胶手套或防渗透手套	1副

表7-6 乘务员药箱配备标准

器械和敷料	配备标准	药 品	配备标准
剪刀	1把	麝香保心丸	1盒
绷带	4卷	硝酸甘油片	20片
体温计	1支	安定片	10片
胶布	2卷	阿托品片	20片
压舌板	1支	APC片	20片
针灸盒	1盒	小檗碱片	20片
乳胶手套	1副	复方降压片	20片
一次性注射器(5ml,10ml)	各1副	地芬尼多(眩晕停)	20片
止血带	1根	云南白药	1瓶
吸收性明胶海绵	2包	风油精	1瓶
消毒棉棒	1包	创可贴	5片
		2.5%碘酒(40ml)	1瓶
		地高辛片	10片
		索米痛片	20片
		鼻炎净	1支
		烫伤膏	1支
		金霉素眼药膏	1支

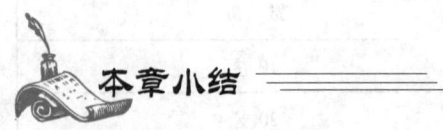

本章小结

本章主要介绍了飞机应急救生系统的组成、救生设备的数量及其在机舱内的位置,以及其他各种不同类型的应急救生设备的使用方法和步骤。

第八章 旅客舱空调系统

> ● 课前导读 ●
>
> 本章主要介绍了旅客舱空调系统的组成、空气来源及工作原理。
>
> **教学目标**
>
> 1. 了解座舱空调系统的组成及工作原理。
> 2. 重点掌握如何控制和操作旅客舱空调系统。

第一节 概 述

旅客舱空调系统用于保证舱内具有一定的压力、湿度、温度和换气量，以使乘客有一个舒适的生活环境。

座舱空调系统为座舱提供调节空气，用于客舱和驾驶舱加热、冷却、通风和增压。

MD-82飞机座舱空调系统采用空气循环式空调系统，此系统产生调节空气以保持驾驶舱和客舱选择的温度。

系统工作需要的空气来自气源系统的气源空气总管。在一般情况下它是由发动机引出的高温压缩空气。当飞机在地面发动机不工作时，可由机载辅助动力装置（APU）供气。气源空气经制冷系统制冷后变成冷空气供给座舱空调。座舱温度控制系统通过改变进入座舱供气温度的方法控制座舱温度，空气制冷和温度控制均由相互独立但功能相同的左右两套系统组成。左系统部分空气供给驾驶舱，其余部分与右系统全部空气供给客舱，单独使用任何一套系统都能满足驾驶舱和客舱空调供气需要。分配系统将调节好的空气分配给驾驶舱和客舱。各区都有单独的调节空气供气管路和流量控制装置以满足驾驶舱和客舱的不同需要,减少由于容积不同和区域之间温变速率不同而产生的差异,以便保持各舱内空气流量和温度均衡。

第二节 系统的组成及其工作原理

一、系统的组成

座舱空调系统由制冷系统、座舱温度控制系统、座舱压力控制系统、空气分配系统、冲压空气通风系统和座舱空气再循环系统等组成。

(一) 座舱温度控制系统

(1) 座舱温度控制系统由驾驶舱温度控制系统和客舱温度控制系统组成。每套系统由温度调节器、温度选择器、座舱温度传感器、温度变化速率(预感器)和高温限制组合传感器及温度控制活门组成。

座舱温度控制活门安装在旁路预制冷系统的热路上,活门打开时热空气流量增加,经制冷系统冷却的冷空气流量减少,因而供给座舱的调节空气温度升高,座舱温度控制系统是利用温度控制活门改变冷和热空气混合比例来改变调节空气温度的,从而调节座舱温度。

座舱温度既可以自动控制,也可以手动控制,由在驾驶舱顶部仪表板上的选择器选择。当选择器选择自动范围内某一温度值后,信号输送到座舱温度调节器里的控制电桥,此电桥同时接收感受座舱温度的座舱温度传感器信号,当座舱实际温度与选择的温度不一致时,根据温差大小电桥输出不同值的信号,经放大后输送给温度控制活门,活门向需要的方向转动,通过控制后与制冷后冷空气混合的热空气流量来调节供气温度,直到座舱温度与选择温度一致。

(2) 座舱温度选择器放在手动位置时,电桥直接接通温度控制活门,手动调节座舱温度。

(3) 座舱温度控制活门的位置由活门位置指示器指示。客舱温度和供气温度由一个温度表指示。

(二) 座舱压力控制系统

(1) 座舱压力控制系统控制座舱增压值以保证乘客生命安全和机组人员正

常工作,同时限制座舱压差在结构强度规定范围内。

(2)座舱增压是通过向客舱内加入具有一定压力的调节空气来实现的。而座舱压力和压力变化速率及座舱压差的控制,则是通过控制机身外的调节空气流量来达到的。

(3)MD-82飞机座舱增压区包括驾驶舱、客舱、电子/电气设备舱、前货舱、中货舱和后货舱。在正常情况下座舱压力由座舱压力自动控制系统加以控制。必要时,或者在自动控制系统发生故障时也可进行手动控制。

(4)MD-82飞机座舱压力控制系统由复式自动压力控制系统、座舱压力手动控制系统、座舱压力指示系统及安全释压装置等组成。

①自动压力控制系统

在座舱压力自动控制时,只需驾驶员在座舱压力选择器上实施操作即可,座舱压力选择器是控制座舱压力的给定装置,装置上设有选择值旋钮。

②座舱压力手动控制系统

当座舱压力自动控制系统失灵时,通过手动传动系统可以操控自动控制系统工作。在驾驶舱中央操纵台上有一套手轮机构。通过钢索传动系统控制排气活门。

③座舱压力指示及警告系统

座舱压力控制系统的工作(情况)由下列仪表监视:

- 座舱压差和高度指示器
- 座舱爬升速率指示器
- 座舱高度警告电门和指示灯

(5)座舱压力控制系统是直接关系到全部乘员生命安全的重要系统,在飞行安全中占有重要位置,同时也是保证客机舒适性要求的系统。MD-82飞机采用电子电动式座舱压力自动控制系统,是比较先进的系统,具有足够的安全可靠性和座舱舒适性。

(三)座舱空气分配系统

座舱空气分配系统输送和控制到座舱各部位的调节空气流量,以保持座舱温度均匀及良好的流量。

经两套系统调节好的调节空气和冷空气通过后气密框上的单向活门进入座舱通气管道。单向活门防止在失去供气情况下座舱快速释压。两套空调系统的调节空气通到一个座舱供气混合分配器内。混合分配器有两个进口和两个出口,大的出口连到客舱调节空气管上,小的出口连到驾驶舱调节空气管上。空气混合分配器内部挡板的设计是将部分左系统调节空气偏转导向,使之与右系统的调节空气混合供给客舱。其分配比例为左系统的30%调节空气输送给驾驶舱,剩余70%空气与右系统的全部调节空气混合进入客舱。在只有一套空调系统工作的情况下,经混合分配器分配的调节空气能同时满足驾驶舱和客舱的需要。

驾驶舱调节空气由管道直接送到驾驶舱,通过各出口进行分配。客舱空气经客舱顶部的主管道分配到各下垂管道,再供气到行李箱根部的扩散管,通过扩散管的格栅进入客舱。冷空气通到每个旅客座位上方的个人通风喷嘴和驾驶舱每个空勤人员座位处及厨房和盥洗室个人通风喷嘴。

当飞机在地面停机,空调系统不工作时,可用地面空调车为座舱空调。在飞机上有一个地面空调接头,地面空调空气通过单向活门可直接输送到空气混合分配器进入客舱和驾驶舱。

(四)冲压空气通风系统

飞机在座舱非增压状态飞行时可接通冲压空气开关,利用冲压空气为座舱通风。在冷却热交换器的冲压空气进口管道上引出一支管通到空调地面接头管路上,打开支管上的冲压空气旁路活门,冲压空气通过地面空调管进入空气混合分配器再进入座舱进行通风。当飞机停在地面又无气源时,则由地面冷却风扇工作为座舱通风。

(五)座舱空气再循环系统

座舱空气再循环系统由风扇、单向活门、过滤器和管道组成。再循环风扇从客舱地板下吸进从客舱中排出的再循环空气,先经过过滤器过滤净化,再将其输送到混合分配器下游天花板上面的客舱调节空气管道内。再循环风扇在飞机起飞离地后3秒自动接通并在整个飞行过程中连续工作,使之在减少发动机空调引气情况下保持座舱具有良好的通风条件,从而取得更为经济的效果。

(六)制冷系统

制冷系统主要由两套相同的制冷组件组成。每套组件包括初级热交换器、次级热交换器和空气循环装置。

(1)从气源系统来的高温压缩空气首先通过一个空气净化器将其中的颗粒杂质净化出去,通过排气活门排到机外。

(2)净化后的空气进入初级热交换器,冷却降温后进入空气循环装置的压缩部分,经压缩后供气压力和温度均升高。压缩机排气再通过次级热交换器降温。在飞行时初级和次级热交换器由冲压空气冷却。在地面工作时由风扇抽风强迫环境空气通过热交换器进行热交换。经过次级热交换器冷却的供气温度接近冲压空气温度,最后到空气循环装置的涡轮部分膨胀,进一步降低供气温度。

(3)空气循环装置上带有涡轮喷嘴切断活门,该活门由引气开关控制。当空调系统由辅助动力装置(APU)供气时切断活门关闭。

二、空调系统的空气来源

用于空调系统的空气有下列三种来源:
- 发动机压气机
- 辅助动力装置(APU)
- 地面高压气源(例如,地面气源车等)

(一)从发动机压气机引气

对于装有两台 JT80-217A 发动机的 MD-82 飞机来说,在一般情况下,空调系统空气从发动机第 8 级压气机引出,当 8 级引气不能满足空调系统时则由发动机第 13 级引气补充。8 级引气通过单向活门到空调压力调节活门和空气流量控制活门调节压力和流量后供给空调系统。

(二)从辅助动力装置(APU)引气

目前,世界上 95% 以上的民用飞机都装有辅助动力装置(APU)。辅助动力装置是一套独立的机载小型发动机。一般当飞机的主发动机不工作时,能替代发动机提供气源、电源。它不仅可用于地面准备、维护及检查,在飞行中还可以作为备用电源。所以安装了辅助动力装置后,飞机对地面设备依赖性缩小,无须气源车、电源车、空调车就能够独立启动、供电、提供地面空调,从而可缩短飞机再起飞时间,提高利用率,使飞机在没有上述地面设备的机场也可起飞着陆。

MD-82 飞机与其他大多数民用飞机一样,其辅助动力装置安装在飞机的尾部。

MD-82 飞机辅助动力装置的主要用途为:

(1)在地面工作期间,提供气源和电源,以满足主发动机的启动和空调系统及其他用电设备的要求。

(2)在飞行期间,为飞机提供辅助电源。有些型号的辅助动力装置不仅在空中可作为备用电源使用,而且在一定的飞行高度上允许从 APU 压气机引气来启动主发(当主发动机在空中停车,而飞机的空速又不能满足发动机风车转速启动主发时)。

(三)使用地面高压气源(例如地面气源车)

没有装机载设备辅助动力装置(APU)的飞机,当飞机处于地面停机状态,而发动机又没有工作时,只有用地面气源车给飞机旅客舱提供空调气源。

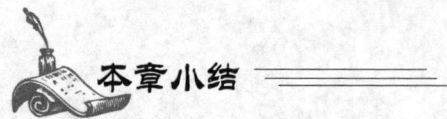
本章小结

本章以 MD-82 飞机为例,主要介绍了旅客舱空调系统的组成、空气来源及工作原理。

第九章 飞机照明系统

> **课前导读**
>
> 本章主要介绍飞机驾驶舱、客舱的照明系统设备的布局和组成以及飞机上其他一些照明系统的作用。
>
> **教学目标**
>
> 1. 了解飞机照明系统的五个分系统及其作用。
> 2. 重点掌握驾驶舱、客舱照明系统的操作规定。

第一节 照明系统概述

飞机照明系统为飞机驾驶舱、客舱创造一个良好、舒适的视觉环境;为货物装卸作业提供足够的照明以及为各服务舱提供地面维护所需的照明;为飞机起飞、着陆和航行时的飞行安全设置机外照明;当飞机发生故障而紧急着陆时,为旅客和机组人员紧急撤离提供应急撤离照明。飞机照明系统下设驾驶舱照明、客舱照明、货舱和服务舱照明、飞机外部照明及应急撤离照明五个分系统。

一、驾驶舱照明

(1)驾驶舱照明设备应布局合理、照明光色均匀、调光操作方便、照明显示兼容。驾驶舱照明还应确保飞行人员在低亮度环境下能准确、清晰地判读所有显示信息,减轻飞行人员的视觉疲劳,保证飞行安全。

(2)驾驶舱照明，包括仪表内部照明、导光板照明和仪表板背景照明；驾驶舱区域的一般照明和中央操纵台、顶部控制板、电源中心断路器板的局部泛光照明；飞行机组局部照明以及总调光和试验装置。

(3)驾驶舱备用照明，用于当飞机主电源发生故障时，提供能自动转换由照明电池供电的备用照明，保证飞机在应急着陆时所需的应急照明。

(4)雷暴雨和抗强光照明，用于当飞机飞行中遇到雷暴雨或外界强光时，提供因"气象应急"所需的抗闪光盲的高亮度照明。

(5)应急撤离照明。在驾驶舱区域照明中，设置由独立于飞机电源系统的应急电池供电的、用于照亮飞行人员撤离路径的应急撤离照明。

二、货舱和服务舱照明

(1)货舱照明选择"防爆"光源，分系统的电路设计保证货舱门关闭锁上时，货舱灯就熄灭，并避免成为火灾蔓延源；其控制开关安置在货舱门附近，以利于机组人员或装载人员操作方便。

(2)货舱照明包括货舱内视货舱面积大小设置的数个货舱灯及安置在货舱门框附近的聚光灯，为装卸货物作业提供足够照度的照明。

(3)各服务舱照明根据各服务舱环境条件选择不同类别的照明灯，以确保安全、可靠，服务舱包括电子/电气设备舱、前附件舱、主起落架舱、APU舱、空调舱等。

三、飞机外部照明

(1)外部照明是保证飞行安全的照明分系统。外部照明分系统的设计必须符合 FAR-25 及 CCAR-25 部的相关要求。

(2)外部照明分系统包括：

航行灯——标志飞机轮廓和飞行方向。

防撞灯——包括装在机身上、下部的红光防撞灯和翼尖组件的白光防撞灯。防撞灯用以显示飞机位置，防止在公共空域中飞机之间可能的碰撞以及飞机在地面开车时警告地面人员不要靠近。

着陆、滑行和跑道转弯灯——用于飞机起飞、着陆和滑行时照明。跑道转弯灯还可用于提示飞机转弯方向及地面维护时照明。

机翼探冰灯——用于照明机翼前缘，观察结冰情况。

标志灯——用于照明航空公司标志。

四、应急撤离照明

应急撤离照明是在飞机主电源失电时或在飞机发生故障需应急着陆时采用的,由飞机自身配备的蓄电池供电,用于在紧急情况下提供目视帮助。它可为机上旅客和机组人员照亮应急出口和救生设备位置、紧急撤离路径,以利旅客和机组人员在规定的时间内迅速撤离飞机现场。应急撤离通道照明包括:客舱天花板应急灯;地板应急灯;出口标志应急灯;机翼上部和后附件舱应急撤离通道灯。应急撤离照明也可分为驾驶舱、客舱的应急撤离照明以及飞机外部应急撤离灯。

(一)客舱应急撤离照明

客舱应急撤离照明包括地板通道荧光条、应急出口灯、应急出口位置(临近地板)标志、天花板通道灯。应急灯通过驾驶舱中的应急灯光键或乘务员面板上的应急灯光键进行操作,通常是带有透明塑料保护盖的按键开关或带有红色保护盖的拨动开关。撤离路径灯包括地板上和座椅腿边的白灯或绿灯及通向每个出口处的红色指示灯,每个出口上的出口标志灯是由应急灯光键接通的,工作时间约为 12 分钟(EMB-145 为 15 分钟左右)。

图 9-1　出口标志灯

(二)驾驶舱应急照明

驾驶舱应急照明主要靠驾驶舱的数个泛光灯的电源转换。正常情况下由直流 28 伏转换汇流条供电。应急情况下由应急直流汇流条供电,即使发电机完全断电还可由蓄电池维持供电。

(三)外部应急撤离灯

外部应急撤离灯包括各应急出口附近的应急滑梯灯、上翼面应急撤离灯等。

(四)应急电池

应急电池是指为各类应急撤离灯供电的电池组及其逻辑电路控制盒。

(五)客舱备用灯

在客舱天花板上装有数个白炽灯,它们在一旦交流电源发生故障,客舱主照明灯荧光灯无法点亮时,用于对客舱进行公共照明。

第二节 客舱照明系统

一、客舱照明简介

客舱照明被综合到飞机客舱内设设计范畴,与飞机客舱内设一起进行整体设计,从而确保客舱内设与照明颜色协调,光色柔和、舒适和均匀,达到一流的、体现飞机自身特点的综合视觉效果,为旅客创造舒适、温馨的客舱环境。

客舱照明包括客舱区域照明(主照明)、客舱局部照明、旅客和盥洗室呼叫以及灯光信号标志四部分组成。

客舱区域照明又称间接照明。由侧壁荧光灯和天花板灯组成,侧壁荧光灯是客舱的主要照明,与过道灯及门入口灯一起构成客舱照明。其特点是:光源隐蔽,通过灯光反射间接照亮整个客舱区域,光色柔和,伴有富有特色的内设创意,整个客舱环境舒适、美观、高雅。

客舱局部照明。由入口区域灯、位于行李箱底部的旅客服务装置上的旅客阅读灯、厨房灯、厨房工作区域灯、盥洗室灯、服务员工作灯及登机梯灯等组成。客舱局部照明是为满足旅客以及空中服务人员工作所需而设置的各种荧光灯和白炽灯,为空中周到细致的服务创造条件。

旅客呼叫装置。由呼叫灯组件、旅客呼叫按钮灯和盥洗室呼叫按钮灯三部分组成。呼叫系统的灯光信号和音响信号的组合为旅客与空中服务员之间,机组人员与机上服务员之间,机组人员与地面维护人员之间的联络创造了便利条

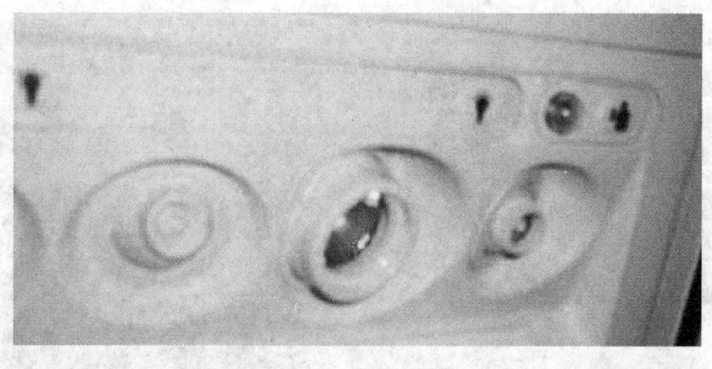

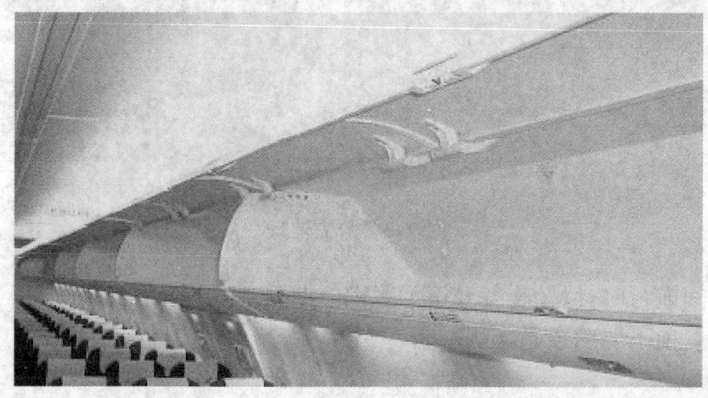

图 9-2　客舱侧壁荧光灯和天花板灯

件。具有复位功能的呼叫按钮开关,安装在每排座位的旅客服务板上和每个盥洗室内,当呼叫按钮开关接通时,总呼叫灯亮,根据灯光亮的颜色不同鉴别指示呼叫源的区域。

　　灯光信号标志。由图符或文字说明与图符相结合的灯光信号标志组成,包括"请勿吸烟""系好安全带""速回座位"和"盥洗室有人"四类。

二、灯光光线控制

　　在登机、安全示范和下机时将灯光全部打开(100%)。
　　在起飞、下降时将灯光调暗至最低限度,并留 10% 顶灯灯光以增加紧急情况下的能见度。
　　服务时调整客舱灯光(不超过 50% 亮度),以保证提供正常舒适的光亮度为宜。

图9-3 灯光信号

在夜间航行时,以及晚餐和第二餐供应期间,使用较暗的灯光。在供餐前不要用强光唤醒旅客。

 本章小结

本章主要介绍了飞机的五个照明系统,重点强调了驾驶舱和客舱灯光系统的操作注意事项。

第十章 烟雾和火警设备

课前导读

本章主要介绍飞机上防火系统及灭火系统,以及烟雾和火警设备的使用方法。

教学目标

1. 了解机上防火系统及灭火系统。
2. 重点掌握客舱中不同烟雾和火警设备的使用方法。

第一节 防火系统和灭火系统

一、防火系统概述

一般来说,民用飞机上的防火系统及灭火系统基本相同。对于客舱、驾驶舱和盥洗室而言,驾驶舱和客舱灭火时使用设置在舱内的手提式灭火器;在每个盥洗室内都设置有烟雾探测装置和自动灭火系统。

防火系统由火警和过热探测系统,以及灭火系统两部分组成(如图10-1所示)。

(1)火警和过热探测系统在有关部位或部件上配置合适的探测器。当这些区域出现失火、过热或烟雾时,火警和过热探测系统发出音响和视觉报警信号。

(2)灭火系统配备有相应的灭火器和手提式灭火器,供驾驶员、机上服务人员或地勤人员扑灭一定部位或部件上的火情和防止火情再次发生使用。

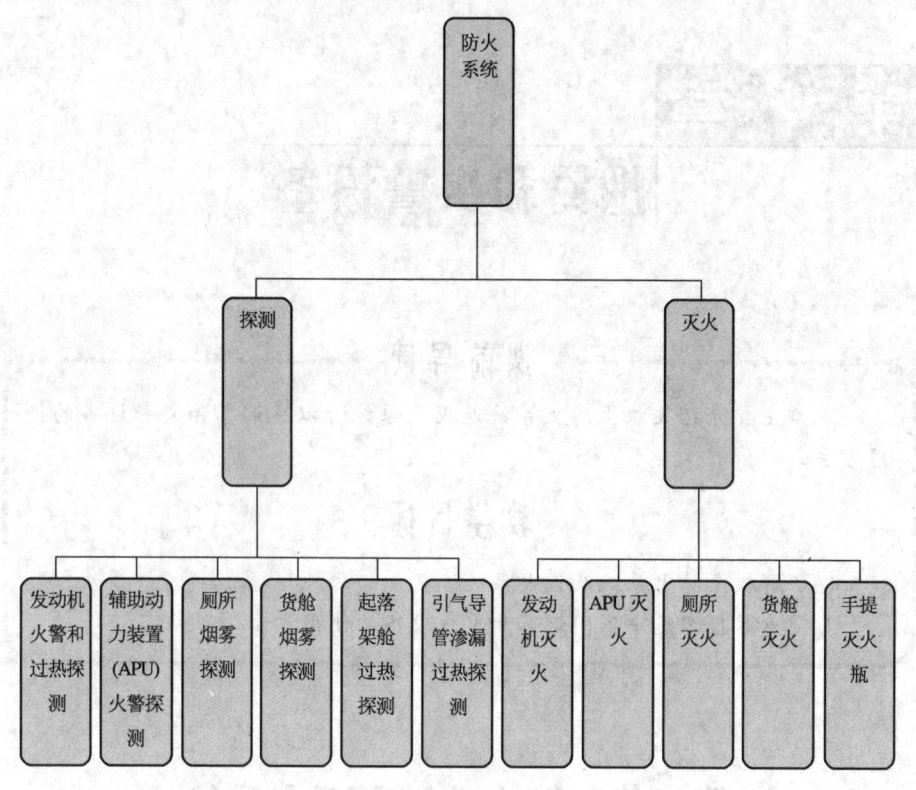

图 10-1 防火系统组成

表 10-1 ARJ21 防火系统设计依据

指定防护区	防火系统	设计依据
发动机舱	火警探测系统和辅助动力装置灭火系统、发动机引气导管漏气探测系统	CCAR25/FAR25 有关标准及技术文件；飞机通用技术规范；飞机总体布局定义；防火系统输入主要设计参数
辅助动力装置舱	火警探测系统和辅助动力装置灭火系统	
主起落架舱	过热探测系统	
前后货舱	烟雾探测系统和灭火系统（货舱火焰抑制系统）	
厕所间	烟雾探测装置和自动灭火系统	
客舱	手提式灭火器	

二、火警和过热探测

发动机火警和过热探测系统用以分别探测左、右发动机舱内发动机周围环境有否出现火情或过热现象,并具有自检能力。每台发动机安装有两套并联的火警和过热探测器。当火警和过热探测器所探测的温度达到报警温度时,向驾驶员发出音响和视觉报警。

辅助动力装置火警探测系统用以探测辅助动力装置舱内有否出现火情现象,并具有自检能力。辅助动力装置舱内安装有两套并联的火警探测器。当火警探测器所探测的温度达到报警温度时,向驾驶员和地面人员发出音响和视觉报警。如在地面状态探测到报警温度,而主发动机尚未运转,则辅助动力装置火警探测系统应使辅助动力装置停车并向辅助动力装置舱释放灭火剂。

主起落架舱过热探测系统用以分别探测左、右主起落架舱内是否出现过热现象,并具有自检能力,主起落架舱内安装有一套火警探测器。

厕所间烟雾探测装置通过烟雾探测装置用以确定厕所间内有否出现火情和过热现象。

货舱烟雾探测系统用以分别探测前、后货舱内有否出现火情和过热现象。

发动机引气导管漏气探测系统用以分别探测机翼和机身引气导管部位有否出现漏气和过热现象。

三、灭火系统

(一)发动机灭火系统

主要由两个发动机灭火器、灭火剂输送导管、灭火喷嘴(如需要)、发动机灭火控制手柄和灭火器压力指示组成。发动机灭火系统可供一台发动机两次灭火使用。

(二)辅助动力装置灭火系统

主要由一个辅助动力装置灭火器、灭火剂输送导管、灭火喷嘴(如需要)、辅助动力装置灭火控制手柄、辅助动力装置地面灭火控制板和灭火器压力指示组成。辅助动力装置灭火系统可供辅助动力装置一次灭火使用。

(三) 驾驶舱和旅客舱灭火系统

驾驶舱和旅客舱内分别设置有三个哈龙(HALON)灭火剂手提式灭火器及一个水灭火剂手提式灭火器。对 MD-82、MD-83 及 MD-90-30 飞机而言,在机上的下列部位应设置有手提式灭火器:

(1) 在驾驶舱内应安装一个 HALON 手提式灭火器。

(2) 在客舱内如下位置上应安装手提式水介质灭火器:在左侧第一个顶部行李箱内一个;在右侧最后一个顶部行李箱内一个。

(3) 在客舱内如下位置上应安装 HALON 手提式灭火器:在右侧最后一个顶部行李箱内一个。

另外,用于固定灭火器的安装支架都应在相应的部位安装。

(四) 盥洗室灭火系统

每个盥洗室垃圾箱内装有一套自动灭火装置。

(五) 货舱灭火系统(货舱火焰抑制系统)

主要由两个灭火器、灭火剂输送导管、灭火喷嘴(如需要)、灭火控制开关和灭火器压力指示组成。货舱灭火系统(货舱火焰抑制系统)可供货舱灭火并能在 60 分钟内抑制火情复燃。

(六) 起落架舱灭火系统

当主起落架舱过热探测系统报警时,驾驶员可放下起落架并通过机外冲压空气冷却起落架舱。

第二节 烟雾和火警设备

一、灭火器

不同地区对灭火器的分类稍有不同,基本上按火灾的种类分为五类。以下分类是欧盟标准,中国内地及香港地区也使用这一分类:

A 类:含碳可燃固体的火灾,如木、草、纸张、塑胶、橡胶;

B 类:可燃液体的火灾,如汽油、柴油、油、机油;

C 类:可燃气体的火灾,如石油气、天然气、乙炔、甲烷;
D 类:可燃固体金属的火灾,如镁;
E 类:通电物体的火灾。

不同的灭火器是专为指定类型的火警而设,也只应用在该种火警之上,否则可能产生危险。

(一)水剂灭火器

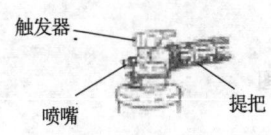

图 10-2 水剂灭火器

水剂灭火器用于熄灭 A 类火警,其工作范围为 2~2.5 米。使用时将提把顺时针方向完全转到底,听到"呲"的一声时表示二氧化碳筒心刺穿。然后压下触发器,对准火焰底部喷射就可以进行灭火。每按压一次,灭火剂可持续喷射时间 20~25 秒,可反复按压多次,直至用完。水中加有防冰化合物,不可饮用。

(二)卤代烷哈龙灭火器

卤代烷哈龙(HALON)灭火器可用于熄灭各种类型的起火,工作范围为 1.5~2

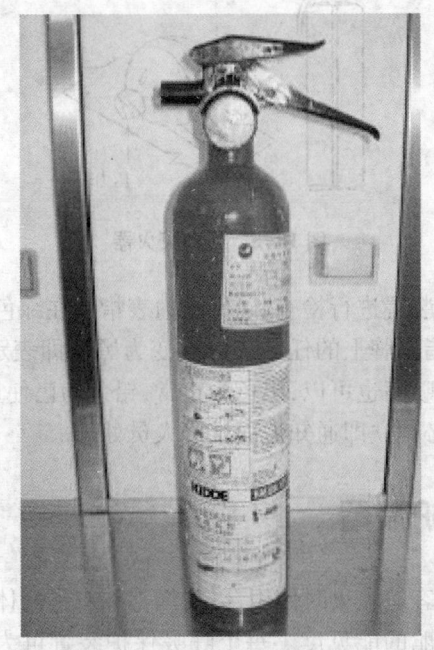

图 10-3 卤代烷哈龙灭火器

米。每按压一次,灭火剂可持续喷射 9~12 秒,可反复按压多次,直至用完。哈龙灭火剂有微毒,在开放空间可以直接喷洒人体上的着火。

使用时先检查压力表,然后垂直握住灭火器对准火源,拉出安全销,压下操作手柄,对准火焰底部快速扫射并保证流量恒定。

图 10-4　哈龙灭火器操作示意图

(三) 自动灭火装置

自动灭火装置用于熄灭厕所废物箱中的火,它位于每个厕所废物箱中上方。当温度达到约 77℃时,其热熔帽化开,灭火剂自动喷射。

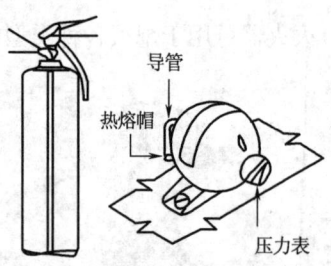

图 10-5　自动灭火器

起飞前应对灭火装置进行检查,确保压力表指针在绿色区域,还要检查灭火器旁的温度指示牌,指示牌上的任一灰白点变为黑色即表示灭火器已被使用或失效。检查灭火器的喷嘴也可以,黑色为正常,铅色为已使用或失效。发现任何不正常现象出现,都必须立即通知地面维修人员处理。

二、呼吸保护装置

呼吸保护装置在客舱失火时使用,以防烟雾和有毒气体吸入,而且当客舱充满烟雾时可提高对客舱的能见度。每个呼吸保护装置可为使用者提供大约 15 分钟的用氧。

(一)呼吸保护装置类型一

1. 戴上

(1)拉塑盒盖上的红色把手,去除塑料盖。
(2)确定内包装的红色标签并用力撕掉,打开真空包装,取出呼吸保护装置。
(3)双手放入橡胶护颈,用力向两边撑开,观察窗应向地面方向。
(4)头向前倾,将呼吸保护装置的护颈经头顶套入,用双手保护两侧脸颊及眼镜,使之完全遮挡脸部。
(5)双手向前、向外用力拉动调节带,并使装置启动。
(6)双手抓住带子,用力向后拉,确保里面的面罩罩在口鼻处,且面颊被覆盖。如需调整眼镜,可隔着外罩进行,不要将手伸入罩内调节。
(7)确定衣领没有被夹在护颈内,头发已完全在护颈里面,放下呼吸保护装置的后颈盖布使它盖住衣领,并处于肩上部。

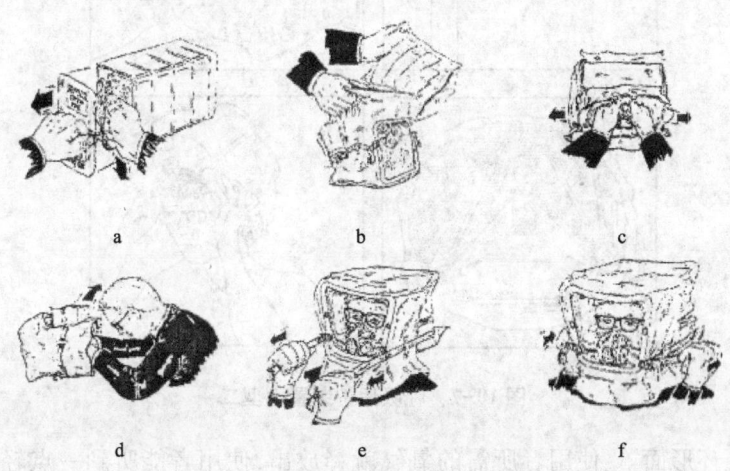

图 10-6 戴呼吸保护装置过程演示图

2. 取下

(1)在远离火焰和烟雾的安全处进行。
(2)用双手将靠近视窗下角的金属片向前推动,松开调节带。
(3)双手由颈下插入面部,向下拉起呼吸保护装置,取下来。

3. 注意

当拉动调节带后,若无氧气流出再用力重复一次,否则取下面罩。

当头部有热感或面罩瘪下,说明供氧结束,应离开火源,取下面罩。

取下面罩后,因头发内残留有氧气,不要靠近有明火或火焰的地方,要充分抖散头发。

当观察窗上有水汽和雾气时迅速取下呼吸保护装置。

(二)呼吸保护装置类型二

呼吸保护装置装在一个盒装的真空小袋子里,盒子打开后,从真空包装袋中取出呼吸保护装置。

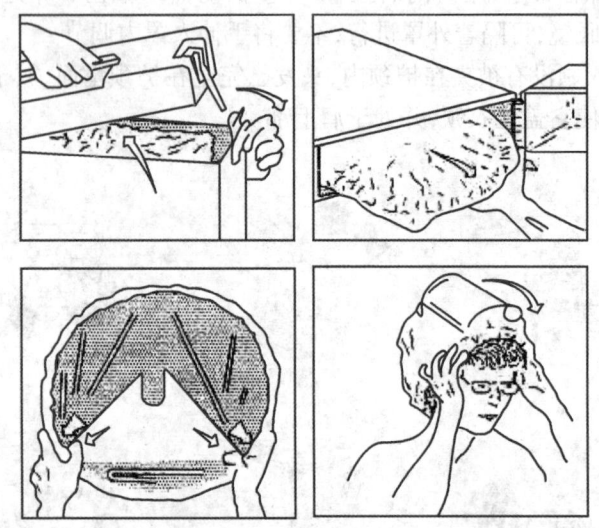

图 10-7 呼吸保护装置类型二

戴上环形面罩,使用者所需的氧气就释放出,使用者能听到一点轻微的噪声,当使用内话或面对面交谈时,耳朵可能会出现间歇失聪或轻微头晕。噪声停止时,面罩不应再被使用。

该设备工作期间显示器为绿色,变为红色时,说明设备不再工作,应立即取下。

(三)呼吸保护装置类型三

打开呼吸保护装置储存盒,从盒内取出包装撕去袋口封条。从包装内取出呼吸保护装置。

掌心相对伸入橡胶护颈内,用力向两边撑开,观察窗面向地面从头部套下。将长头发或辫子放入头罩内,将带子在腰间系扣好。

向下拉氧气发生器,使呼吸保护装置开始工作。

移动送话器使面罩与口鼻完全吻合。

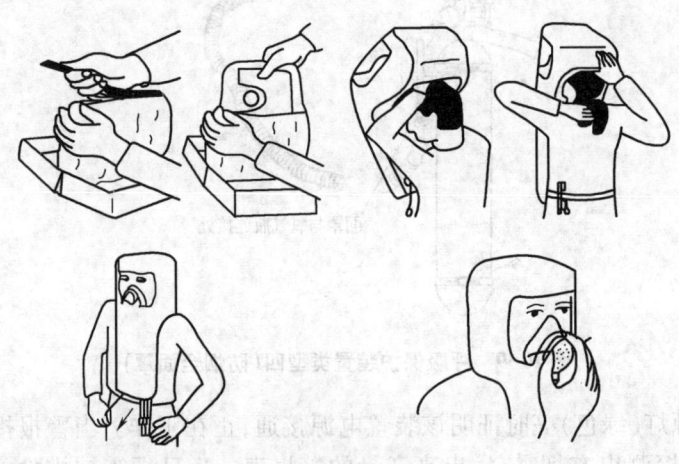

图 10-8　呼吸保护装置类型三

(四)呼吸保护装置类型四

打开外包装,从包内取出防烟面罩,将防烟面罩呼吸管与氧气瓶的接口连接。

将防烟面罩的观察窗面向前,头部固定带从脑后套下,逆时针旋转(左转)氧气瓶阀门,防烟面罩即开始工作,移动送话器使面罩与口鼻完全吻合。

在呼吸过程中该装置向头部瘪下去或感到呼吸受阻时,调整一下面罩,然后做 5 次深呼吸,如果上述问题依然存在,可能是氧气已用完,或该装置本身存在问题,请马上离开火源,脱下面罩,抖去头发内的纯氧。

三、厕所烟雾探测器

厕所烟雾探测器可以指示烟雾发生方位。

(一)家庭用类型(电池供电)

MD-82、MD-90、B737、B767 等机型多采用这种烟雾探测器,设置在天花板

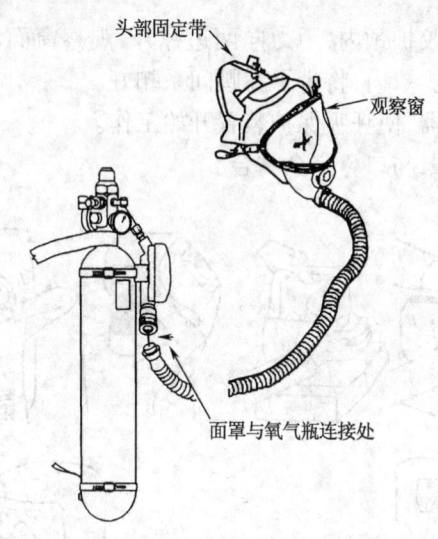

图 10-9　呼吸保护装置类型四(防烟全面罩)

上。当电源灯(绿色)亮时证明该装置电源接通,正在工作。当警报指示灯(红色)亮时为探测出有烟雾,发出高音量的警报声。一旦烟雾被排除,警报声停止,装置复位。当探测到烟雾时,需要进行以下工作:清除厕所烟雾;检查烟雾发出原因;报告机长,视设备损坏程度锁闭厕所。

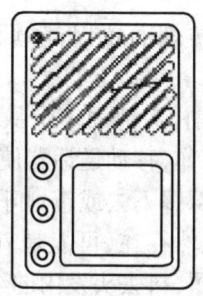

图 10-10　家庭用烟雾探测器

(二)机上用类型(飞机电源供电)

1. 空客类飞机

位于天花板内,当探测到烟雾时发出三声高低谐音(A320 为三声高音量谐音);驾驶舱内指示灯亮;相应的厕所外琥珀色灯亮;区域呼叫面板琥珀色灯闪亮(A340飞机的乘务员指示面板上显示警告发出的位置)。

需要进行以下工作:清除厕所烟雾或将烟雾探测器开关放到OFF位;检查烟雾发出原因;报告机长,视设备损坏程度锁闭厕所。

2. CRJ-200

位于天花板内,当探测到烟雾时发出高音量的谐音,驾驶舱内有提示音响和文字显示。

需要进行以下工作:用一尖物抵触烟雾探测器旁的抑制电门,终止声响;检查烟雾发出原因;报告机长,视设备损坏程度锁闭厕所。

3. EMB-145

位于天花板内,当探测到烟雾、火情时,厨房内的烟雾探测面板会发出"嘟、嘟"声,面板上的烟雾探测警告灯(红色)亮。

需要进行以下工作:按下烟雾探测面板上的复位键,消除声响并且复位系统工作;检查烟雾发出原因;报告机长,视设备损坏程度锁闭厕所。

本章小结

本章主要介绍了机上的防火和灭火系统以及一些重要烟雾和火警设备的使用方法和注意事项。

第十一章 常见故障

课前导读
本章主要介绍飞机上常见的一些设备故障及其解决方法。

教学目标
重点掌握机上各设备常见故障和解决的方法。

第一节 设备故障

一、开启锁着的厕所门

使用下列步骤，开启、移开或搬走厕所门。

（一）折叠门

1. 开启

用一小片东西将OCCUPIED（有人）指示器调至VACANT（无人）。往里推门，打开。

2. 搬开厕所门

将门上下两个插销固定在门铰链一边。
将上插销往下滑，将下插销往上滑使门脱离。

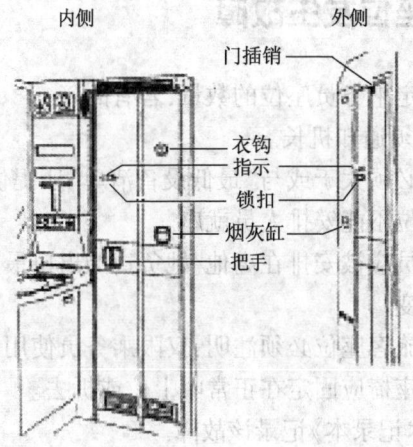

图11-1 折叠门

将门的两边或者中部往里推,然后将门拉出。

(二)单一的实心门

用一小片东西将OCCUPIED(有人)指示器调至VACANT(无人)。转动门把手,往外拉,开门。或者转动门把手用力往外拉,使门锁松开。

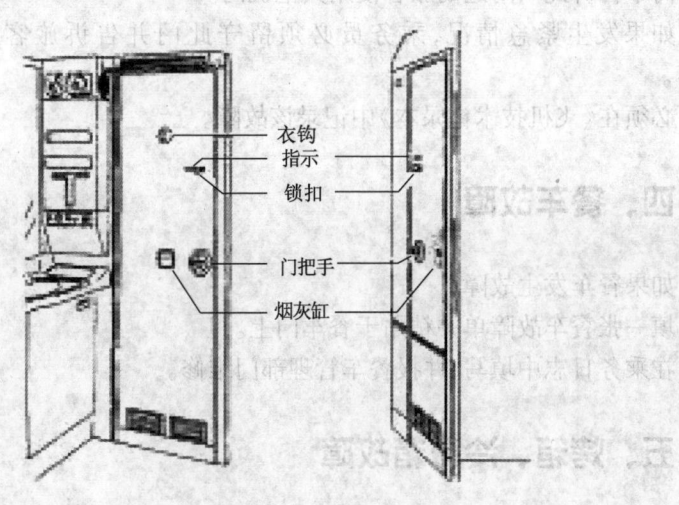

图11-2 单一的实心门

二、乘务员座位发生故障

民用航空法规规定乘务员座位的数量,若有故障:
(主任)乘务长必须通知机长。
乘务员座位数量必须大于或与"最低设备清单"所提供的必需品相一致。
损坏的乘务员座位不能安排人员就座。
没有座位的乘务员应被安排在离他/她负责的出口最近的旅客座位上,撤离时该乘务员的职责不变。
供乘务员就座的旅客座位必须注明:仅限乘务员使用。
有缺陷的乘务员座椅应固定在正常收上位或拆去。
必须在《飞机技术记录本》记录该故障。

三、机门故障

如果机门发生故障:
(主任)乘务长必须通知机长根据"最低设备清单"限制旅客数量。
旅客登机时不能使用有故障的门。
在门的明显处标上"此门故障"。
简单告诉此门附近的旅客使用其他机门。
如果发生紧急情况,乘务员必须留守此门并告诉旅客使用其他机门撤离。
必须在《飞机技术记录本》中记录该故障。

四、餐车故障

如果餐车发生故障:
填一张餐车故障单并粘贴于餐车门上。
在乘务日志中填写,并报餐车管理部门维修。

五、烤箱、冷藏箱故障

如果烤箱、冷藏箱发生故障:
在 CLB 上填写该故障部件的具体编号。

第二节 系统故障

一、内话机系统故障

如果驾驶舱/客舱内话机出现故障，(主任)乘务长必须马上通知机长制定另一种通信的途径。解决方案：
- 使用 PA 系统联络；
- 建立驾驶舱/客舱的特定联络方案。

二、客舱中"系好安全带""请勿吸烟"指示信号失灵

如果"系好安全带""请勿吸烟"指示信号失灵，(主任)乘务长必须：
- 通知机长，并在必要时加以广播；
- 确保每一名乘客都能得到乘务员口头的提醒："系好安全带""请勿吸烟"。

三、客舱广播系统故障

如果客舱广播系统失灵，(主任)乘务长必须通知机长制定与乘客联络的方案，并考虑旅客的座位安排和操作上的需要。解决方案：
- 分别向每个乘客说明广播内容；
- 将乘客分组后向每组乘客说明广播内容；
- 使用"麦克风"。

四、预录系统故障

如果客舱内预录系统出现故障，(主任)乘务长必须：
- 立即通知机长，紧急情况下机长广播词由机长通过 PA 系统直接广播；
- 负责应急情况的广播及特殊情况的广播；
- 及时通知机上广播员，做好正常情况下的广播。

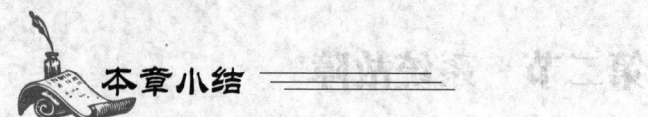 本章小结

本章主要介绍了机上设备常见故障以及解决方法。

第二篇

特殊机型设备运行及管理

第十二章 A320 客机

课前导读

本章主要以 A320-214 飞机为例介绍空客 A320 系列客机的客舱设备和运行,应急设备的分布和使用方法,出口的分布以及正常和非正常状况下的操作方法,释放滑梯和救生船的程序和注意事项,客舱内乘务员控制面板,此外,还简单介绍了客舱通信系统和 CIDS 系统。

教学目标

知识目标:熟悉 A320-214 客机应急设备和出口在飞机中的分布和使用方法;熟悉滑梯和救生船的安放位置;熟悉客舱内乘务员各个控制面板的布局;了解 A320-214 客机客舱通信系统和 CIDS 系统。

技能目标:掌握 A320-214 客机应急设备使用方法;熟悉正常和紧急状况下出口的正确操作方法;能熟练释放滑梯和救生船,熟悉相关注意事项;能熟练操作客舱前后乘务员控制面板。

第一节 A320 客机基本信息

一、A320 系列简介

(一) A320 系列发展历程

A320 系列是欧洲空中客车工业公司研制的双发中短程 150 座级客机。该系列包括 A318、A319、A320 及 A321 四种客机,这四种客机拥有相同的基本座舱配置,飞行员只要接受相同的飞行训练,就可驾驶以上四种不同的客机。这种共通性设计同时也降低了维修的成本及备用航材的库存。A320 是一种真正的创新的飞机,为单过道飞机建立了一个新的标准,A320 由于较宽的客舱给乘客提供了更大的舒适性,因而可采用更宽的座椅和更宽敞的客舱空间,它比其竞争者飞得更远、更快,因而具有更好的使用经济性。在此基础上又发展了较大型和较小型机种,即 186 座的 A321 和 124 座的 A319 以及 107 座的 A318。

A320 系列客机在设计中采用"以新制胜"的方针,采用先进的设计和生产技术以及新的结构材料和先进的数字式机载电子设备。它是世界上最先采用电传操纵系统的亚音速民航运输机。其机翼在 A310 机翼的基础上又进行了改进,双水泡形机身截面大大提高了货舱中装运行李和集装箱的能力。因其客舱舒适宽敞而成为当前最受欢迎的 150 座级的中短程客机。

1994 年 5 月,波音公司购买一架二手 A320 飞机陈列在西雅图以此来激发波音员工,这可能也是空客公司的最大荣誉之一。

图 12-1　A320 系列

(二)A320 系列主要型号

1. A320

欧洲空中客车工业公司于 1979 年 7 月宣布 A320 客机方案,1983 年 12 月 A320 计划正式上马,1987 年 2 月 22 日第一架飞机首次试飞,1988 年 2 月获适航证并交付使用。主要型号有：

（1）A320-100型，基本型，共生产21架。于1988年3月首次交付法国航空公司。

（2）A320-200型，远程型，为生产线上第22架之后的产品，与A320-100型的区别是采用中央翼油箱、增加了有效载重和航程。第一架于1988年7月交付安塞特航空公司使用。

图12-2　中航浙江航空A320

2. A321

A321是欧洲空中客车工业公司第一个完全通过商业筹资完成的项目。它是从A320直接派生的加长型机种，与A320相比，增加24%的座位和40%的空间，在机翼前后各增加两个应急出口，对机翼进行局部加长，该项目于1989年5月启动，1993年3月11日首航，同年12月17日获欧洲适航证，1994年1月交付使用。主要型号有：

图12-3　中国北方航空A321

（1）A321-100型，基本型。

（2）A321-200型，加大航程型，该项目1995年4月启动。

3. A319

A391 是从 A320 直接派生的缩短型,与 A320 相比,机身短 3.73 米,机翼上应急出口减少一个,机身后部散货舱取消。该项目启动于 1993 年 6 月,1995 年 8 月首飞,1996 年 4 月获型号合格证,同年 5 月交付使用。主要型号有:

(1) A319 型,基本型。
(2) A319CJ 型,公务机型。

图 12-4　A319

4. A318

1994 年 4 月 26 日,正式推出 A319 缩短型的百人座客机 A318。A318 继续保持与 A320 系列的通用性,为客户提供全新的百座级客机的选择。A318 于 2002 年 1 月 15 日首飞,即将交付使用。

图 12-5　A318

二、A320-200 基本数据

表 12-1　A320-200 基本数据

项　目	A320-200
翼展(米)	34.09
机长(米)	37.57
机高(米)	11.76
标准两级客舱布局载客(人)	150
货舱容积(立方米)	37.42
商载(吨)	16.3
空机重(吨)	41
最大油箱容量(升)	23 860
最大起飞总重(吨)	73.5
最大巡航速度	0.82 马赫数
航程(公里)	5 000
动力装置	两台涡扇发动机
发动机型号	CFM 公司 CFM56-5 系列
	IAE 公司 V2500 系列

第二节 应急设备的分布

一、应急设备分布位置

表 12-2　A320 应急设备类型及数量

图标	名　称	客舱数量	客舱存放位置	驾驶舱数量
	氧气瓶	4	第 1 排左侧行李架上 1 个，第 1 排右侧行李架上 1 个，最后一排左侧行李架上 2 个	2
	灭火器	4	1L 乘务员座位下方 2 个，旋转乘务员座位下方 1 个，2R 乘务员座位下方 1 个	1
	麦克风	2	第 2 排左侧行李架上 1 个，最后一排左侧行李架上 1 个	
	急救箱	1	2CD 行李架内 1 个或第 1 排右侧行李架上 1 个	左侧衣帽间内 1 个
	急救药箱	1	最后一排左侧行李架上 1 个	
	婴儿/儿童救生衣	6	最后一排左侧行李架上（集成包装）	
	加长安全带	4	最后一排左侧行李架上（集成包装）	
	旅客/机组救生衣	158+6	每个机组人员和旅客座位下	4
	呼吸保护装置	6	1AC 行李架上 2 个，2L 门乘务员座位旁 1 个，2R 门乘务员座位上方 1 个，27DEF 行李架上 2 个	1
	手电筒	5	每个乘务员座位下方	2

续表

图标	名称	客舱数量	客舱存放位置	驾驶舱数量
△	人工开氧工具	4	1L门乘务员座位下方2个,2L门乘务员座位下方1个,E厕所旁乘务员座位下方1个	
■	演示包	3包	第1排右侧或2AC行李架上2套,最后一排行李架上1套(集成包装)	
⌂	紧急出口带滑梯	2	客舱第10、11排左右紧急窗口	
⌂	紧急出口带滑梯/救生船	4	1L,1R,2L,2R	
Ⓢ	救生包	4	第1排右侧行李内2个,最后一排右侧行李架上2个	
◉—	信标机	1	2L门乘务员座椅背后	
✳	脱离绳	4	第10排左右应急窗上方行李架内各2根	2
☣	生化隔离包	1	1DF或1AC行李架内	
🪓	应急斧	1	2L乘务员座椅背后	1
⊙	6人救生筏	1	最后一排左侧行李架	

二、分布图

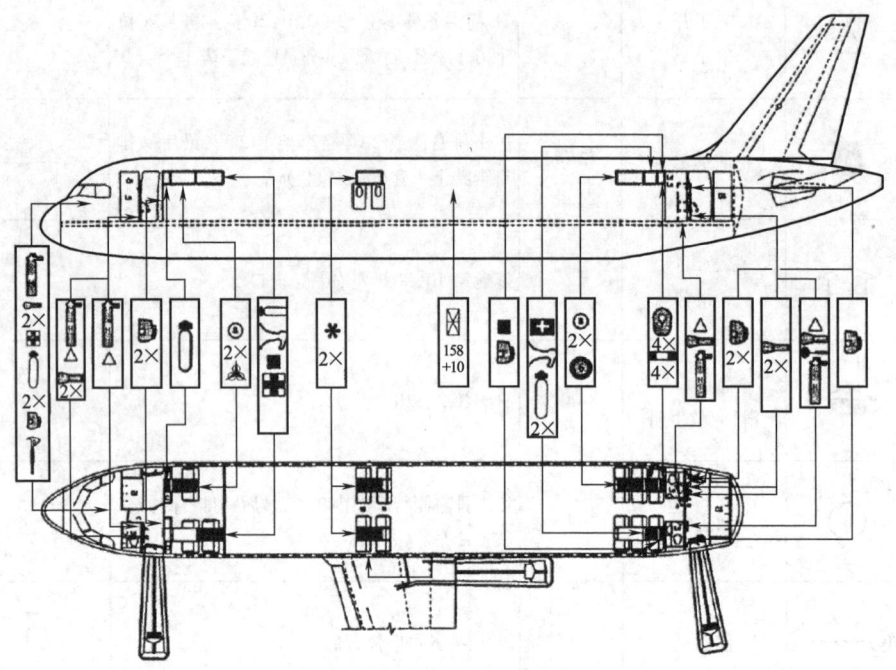

图12-6　A320应急设备分布图

第三节　出口设置及操作

一、出口设置

(一)机门

该机型有4扇"I"型门,在每个机门处安放有双通道滑梯/救生船,滑梯/救生船载客量正常为44人,最大为55人(2360、2361为单通道滑梯)。

(二)翼上应急窗

4个翼上应急窗位于机翼两侧,每侧两个,每侧设有一个双通道的滑梯。

(三)驾驶舱出口

驾驶舱两边窗口可作为紧急出口。

二、出口正常操作

(一)解除待命(所有机门)

(1)将机门待命把手放到"非待命"(DISARMED)位置;
(2)插入带有红色飘带(可视)的保险销;
(3)合上塑料保护盖。

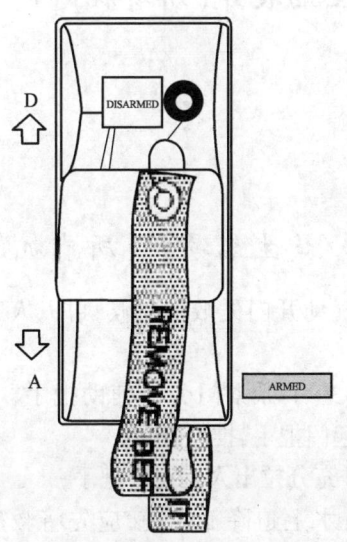

图 12-7 机门非待命

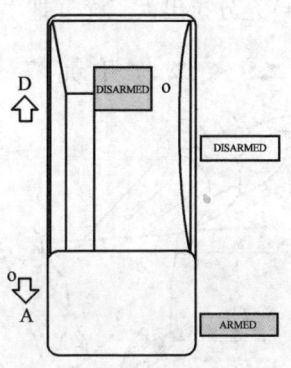

图 12-8 机门待命

(二)机门待命(所有机门)

(1)拔出带有红飘带的安全销,并将飘带收藏好,使之不可视;
(2)将待命把手压下至"ARMED"位置,合上塑料保护盖。

(三)打开机门(所有机门)

(1)确认机门已解除待命。当红色客舱压力警告灯亮时,不得开门;
(2)一手抓住门旁的辅助把手,一手抓住开门把手,完全提起开门把手,将机门向外向前推至锁定位。

(四)关闭机门(所有机门)

(1)压下防风锁按钮将门松开拉至门框;
(2)将门把手向里、向下压至关闭;
(3)检查锁定显示在绿色 LOCKED 位置。

三、出口应急操作

(一)打开机门——使滑梯/救生船展开(所有机门)

(1)确认机门在待命状态;
(2)充分向上提起门把手然后松开;
(3)机门气动开启;
(4)充分拉出人工充气把手。

(二)人工打开机门——使滑梯/救生船展开(所有机门)

在气动开门失败的时候,可以人工打开机门。

(1)一手抓紧门旁的辅助把手,一手充分提起门把手,推至开位;
(2)充分拉出人工充气把手;
(3)水上迫降撤离前,应先将救生包挂到救生船的锁扣装置上。

图 12-9 人工充气

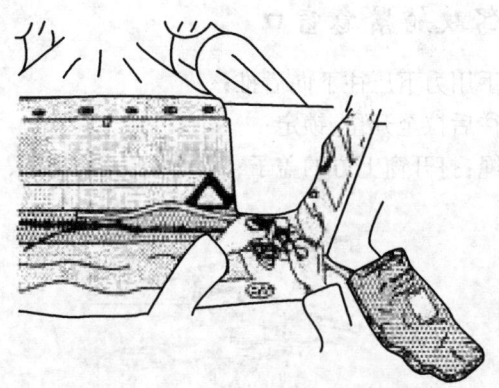

图 12-10 将救生包挂到救生船

(三)打开应急窗出口——使滑梯展开

(1)拿下手柄盒盖(见图①);
(2)手柄灯(见图②)和滑梯待命指示(见图③)亮出;
(3)操纵手柄(见图④)拉下应急窗;
(4)托住把手把应急窗从框上拿下(见图⑤);
(5)把应急窗扔到机外(见图⑥);
(6)滑梯自动充气,否则拉应急窗框内的人工充气把手。

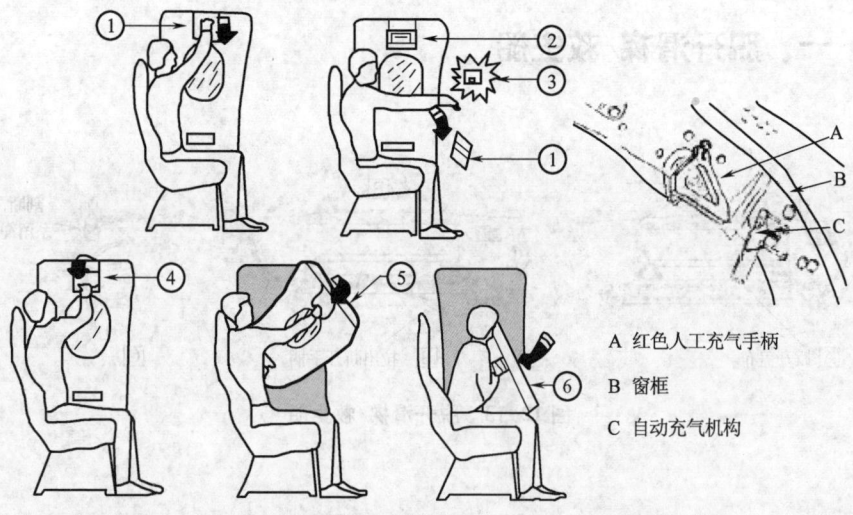

A 红色人工充气手柄
B 窗框
C 自动充气机构

图 12-11 打开应急窗出口——使滑梯展开

(四)开启驾驶舱紧急窗口

(1)将控制把手用力下压往下向后推;
(2)转动把手往后拉至开位,锁定;
(3)使用脱离绳:打开窗上方的盖子;抓住绳头上的把手,从窗口滑下。

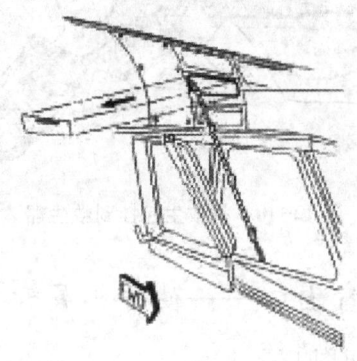

图 12-12 开启驾驶舱紧急窗口

第四节 释放滑梯/救生船

一、脱开滑梯/救生船

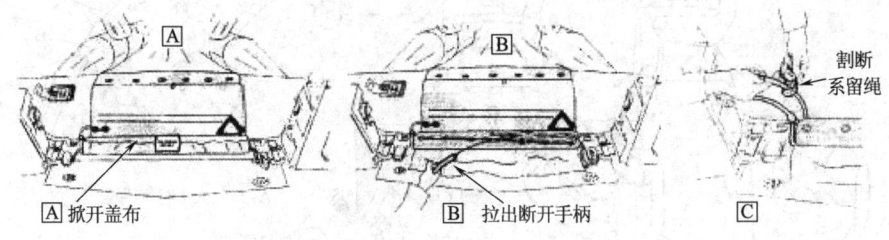

图 12-13 脱开滑梯/救生船

二、安装滑梯/救生船天篷

（1）找出储藏在救生船上的天篷支杆；
（2）将两个支杆的螺纹头相对拧紧；
（3）将支杆的包头与救生船上标有 MAST LACATION 的尼龙块连接，并用绳固定住；
（4）将打开的天篷安置在中央桅杆和末端桅杆上，并将天篷底部的绳子与救生船上的天篷固定位连接，系紧；
（5）将救生船上的定位灯伸出天篷的小孔。

三、抛放救生船

救生船载量正常为6人，最大为9人。具体操作方法见通用客舱设备救生船一节内容。

四、滑梯/救生船转移

所有机门的滑梯/救生船都可互换使用。如果有一扇机门不能使用，受挤压或在海上迫降时被淹，这时就要将这扇门上的救生船转移至另一扇救生船已经脱开的门上。

失效舱门的滑梯/救生船待命手柄必须处于待命状态；向内拉开滑梯盖连接扣，去掉滑梯/救生船外壳。

1. 将滑梯/救生船包从不能使用的门上拆除

（1）向后45°的方向拉动黄色牵索，解开 GIRT BAR。
（2）拉滑梯/救生船包顶部的红色手柄。
（3）抓住滑梯包两边将滑梯/救生船提出舱门支座，逆时针移动连接器，将滑梯/救生船包背后的连接扣脱开，翻出滑梯/救生船。
（4）必要时使整个部件转向。
（5）整理好滑梯/救生船表面，使 GIRT BAR 处于顶部。
（6）将滑梯/救生船包搬运到另一扇门处。

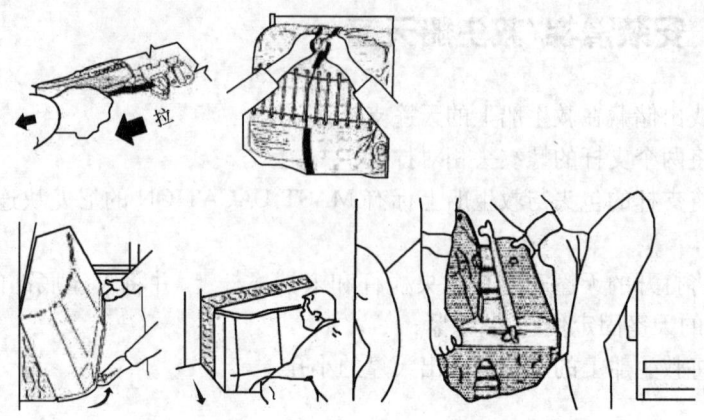

图 12-14 拆除滑梯/救生船包

2. 将滑梯/救生船包安装在新的门上

(1)滑梯/救生船包放在新门前,放在舱门前面,软面朝上,箭头朝舱外。
(2)向后 45°方向拉黄色牵索,将原来的 GIRT BAR 除去。

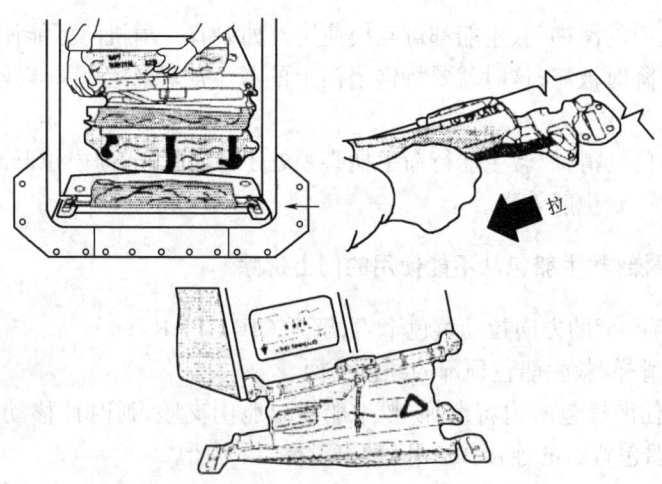

图 12-15 安装滑梯/救生船包

(3)将滑梯/救生船包装入新的门底。
(4)将新的 GIRT BAR 固定好。
(5)将滑梯/救生船推出机门,使之充气。如果自动充气失败,拉动人工充气把手。

第五节 乘务员控制面板和客舱通信系统

一、前乘务员控制面板

(一) 灯光面板

表 12-3 灯光面板

MAIN ON/OFF	总开关
WDO	侧窗灯
CLG	顶灯
CABIN FWD	前舱灯光且100%亮度
CABIN AFT	后舱灯光且100%亮度
DIM1	50%亮度
DIM2	10%亮度
ENTRY FWD	前入口灯
ENTRY AFT	后入口灯
LAV	厕所灯光
ATTN	乘务员工作灯
READ	旅客阅读灯

(二) 音频面板

表 12-4 音频面板

MUSIC	登机音乐
ON/OFF	开关
SEL	选频
+、-	音量调节
0~9	数字键
ENTER	输入
CLEAR	清除
START ALL	播放全部预设的广播
START NEXT	逐条播放预设的广播

续表

STOP	停止播放
MEM01~05	预设广播的播放顺序
PES ON/OFF	旅客座位音响系统开关

（三）杂项面板

表 12-5 杂项面板

EMER	人工接通应急灯光
SMOKE LAV	任一厕所烟雾警告
EVAC CMD	撤离指令键（按下，发出撤离指令）
EVAC	撤离警告指示键
RESET	按下，取消相关客舱各类警告
CIDS CAUT	CIDS系统或相关系统故障提示灯
PNL LIGHT TEST	液晶屏及前乘务员控制面板按键测试键

二、后乘务员面板

后乘务员面板仅用于控制相关客舱与入口。

表 12-6 后乘务员面板

EVAC	撤离警告指示键
RESET	取消相关客舱各类警告
AFT BRT-DIM1-DIM2	调节客舱灯光亮度

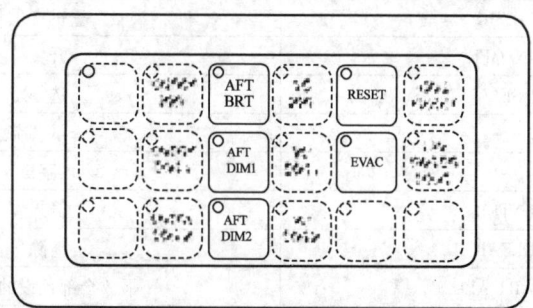

图 12-16 后乘务员面板

三、客舱通信系统

（一）机内广播操作

(1) 取下手机；
(2) 按 PA ALL 对整个客舱广播；
(3) 按 FWD 对前舱广播；
(4) 按 AFT 对后舱广播；
(5) 在广播过程中始终按住 PUSH TO TALK 键；
(6) 挂好手机切断广播系统。

（二）内话系统操作

(1) 取下手机；
(2) 按下 CAPT 键呼叫驾驶舱，或按下 EMER CALL 紧急呼叫驾驶舱；
(3) 按下 FWD ATTND 呼叫前舱乘务员；
(4) 按下 AFT L ATTND 呼叫左后舱乘务员；
(5) 按下 AFT R ATTND 呼叫右后舱乘务员；
(6) 按下 ALL ATTND 呼叫全体乘务员；
(7) 按下 SVCE INTPH 呼叫地面维护人员；

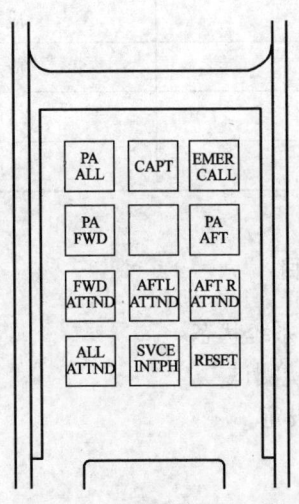

图 12-17 乘务员手机面板

(8)通话时不要按住送话键;
(9)按下 RESET 键,重置系统;
(10)挂好手机,切断内话系统。

四、CIDS 系统(客舱内部通信数据系统)

CIDS 系统可通过编程和测试面板(PTP)进行控制。PTP 位于前乘务员座椅上方的盖板后面,紧贴前乘务员面板(AIP)。PTP 用于设定和测试客舱系统。

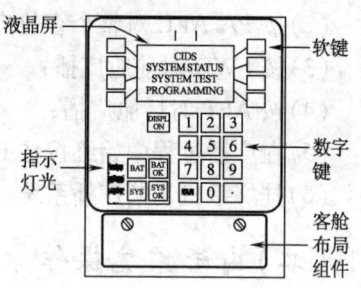

图 12-18 CIDS 系统

(一)PTP

1. PTP 功能键

表 12-7 PTP 功能键

DISPL ON	显示
0~9	数字键
CLR	清除
BAT	应急电源电量储备不足
BAT OK	应急电源电量储备充足
SYS	应急电源系统故障
SYS OK	应急电源系统良好

2. PTP 给电后显示项目

■ SYSTEM STATUS 系统状态
■ SYSTEM TEST 系统测试
■ PROGRAMMING 设定

3. 系统状态

系统状态模式能显示客舱系统状态,如滑梯压力或舱门压力。

如果 CIDS 连接系统失效，系统状态菜单自动 PTP 上显示发生故障的系统。CIDS 如果失效，CIDS CAUT 按钮显示红色。

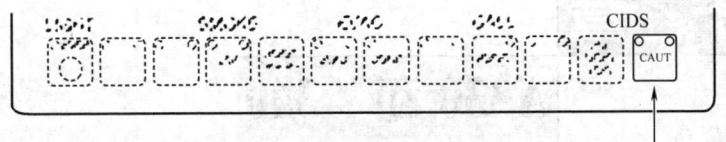

图 12-19　CIDS CAUT 按钮

（二）CIDS 复位

在电源转换或 CIDS 出现故障的情况下，若飞机停在地面，可以用 PTP 系统测试模式的复位功能进行复位。但在 CIDS 复位前必须请示飞行员。在飞行时，不能通过 PTP 板进行 CIDS 复位，这会影响到客舱系统的功能。

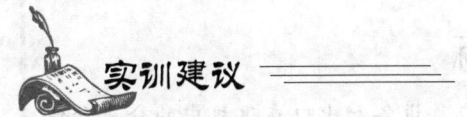

建议开课院校在课程讲授过程中安排学生参观空客 A320 系列的机型，有条件的院校还可以按照教学目标中列出的操作目标安排学生进行有关的操作训练。

本章主要以 A320-214 飞机为例介绍空客 A320 系列客机的客舱设备和运行，应急设备的分布和使用方法，出口的分布以及正常和非正常状况下的操作方法，释放滑梯和救生船的程序和注意事项，客舱内乘务员控制面板，此外，还简单介绍了客舱通信系统和 CIDS 系统。

第十三章 A330 和 A340

> **课前导读**
>
> 本章主要以 A340-300 飞机为例介绍空客 A330/A340 系列客机的客舱设备和运行，应急设备的分布和使用方法，出口的分布以及正常和非正常状况下的操作方法，释放滑梯和救生船的程序和注意事项，客舱内乘务员控制面板。此外，还简单介绍了客舱通信系统和 CIDS 系统。
>
> **教学目标**
>
> 知识目标：熟悉 A340-300 客机应急设备和出口在飞机中的分布和使用方法；熟悉滑梯和救生船的安放位置；熟悉客舱内乘务员各个控制面板的布局；了解 A340-300 客机客舱通信系统和 CIDS 系统。
>
> 技能目标：掌握 A340-300 客机应急设备使用方法；熟悉正常和紧急状况下出口的正确操作方法；能熟练释放滑梯和救生船，熟悉相关注意事项；能熟练操作客舱前后乘务员控制面板。

第一节 A330/A340 客机基本信息

一、A330/A340 系列简介

（一）A330/A340 系列发展历程

A330 和 A340 是欧洲空中客车工业公司在分析世界主要航空公司 20 世纪

90 年代需求后,于 1986 年 1 月宣布研制的两种先进双过道宽机身客机。除了发动机的数量和与发动机相关的系统外,这两种机型有很大的共同性,它们有 85%的零部件可以互相通用,采用同样的机身,只是长度不同,驾驶舱、机翼、尾翼、起落架及各种系统都相同,这样的设计可以降低研制费用。这两种机型还保留了 A300/A310 机型的高效率机身截面设计。

1987 年 4 月欧洲客车工业公司决定 A330 和 A340 两种型号作为一个计划同时上马。A330 和 A340 两种型号的研制费共计 25 亿美元(1986 年币值)。

A330 和 A340 采用了许多现代化技术,如电传操纵和多功能座舱显示装置,同时先进机翼、高效率发动机及大量复合材料的采用,减轻了飞机的重量,飞机每座公里油耗和每座直接使用成本都有较大下降。

图 13-1 A330/A340 系列

(二)A330 和 A340 系列主要型号

空客公司从 20 世纪 70 年代初即开始远程客机的研制,初定名为 A300B9;20 世纪 80 年代重新开始该计划,新机定名为 TA9(TA 即双通道的英文 two aisles 的首字母缩写);1986 年改名为 A330;1987 年开始制造。

A340 是在 A330 基础上设计的,初定名为 A300B11,后定名为 TA11;1986 年改名为 A340;1987 年正式开始研制。在研制过程中曾希望使用一种在 CFM56 或 V2500 基础上改进设计的特高涵道比的"超级风扇"发动机。计划失败后,只能依靠现有发动机改进型来达到最初的设计目标;同时,为此也对机翼进行了改进。

1. A330-300 型

A330-300 型是空客公司 A330/A340 家族中载客量最大的一种型号。与 A340-300 型相比,机身相同,只是发动机只有两台,与发动机相关的系统也有所不同,航程较短。1987 年 11 月 2 日首飞,1994 年 6 月 2 日获欧、美适航证书。

图 13-2　A330-300

2. A330-200 型

A330-200 型是 A330 的远程、短机身型,这种机型的推出使空客公司的大型双发客机销售情况大为改观。A330-200 型较 300 型机身短 5.3 米,加大尾翼,加强了机翼结构。1997 年 8 月首飞,1998 年 5 月开始交付加拿大 3000 航空公司投入使用。

图 13-3　A330-200

3. A340-300 型

A340-300 型是 A340 的高载客量型,标准载客 295 人。1991 年 10 月 25 日首飞,1993 年 2 月 26 日开始交付法国航空公司,投入运营。

A340-300E(X)型是 300 型的远程型,最大航程 13 520 公里,1996 年开始交付新加坡航空公司。

图 13-4　A340-300

4. A340-200 型

A340-200 型是 A340 的远程型,机身较 A340-300 型短,航程可达 15 000 公里。1992 年 4 月 1 日首飞。1993 年 2 月 2 日开始交付德国汉莎航空公司,投入运营。

图 13-5　A340-200

5. A340-600 型

A340-600 型采用遄达 500 发动机,航程达 13 900 公里,机身长 74.8 米,比 A340-300 多出 10.6 米,可载客 380 人,比 A340-300 的载运能力提高了 31%。2001 年 3 月 23 日,A340-600 在图鲁兹的"梦幻工厂"中首次亮相。2002 年开始交付使用。

图 13-6　A340-600

6. A340-500 型

A340-500 型侧重于航程,超越之前航程最远的 A340-200,能不经停飞行 16 000 公里,因此允许航空公司飞更远的不经停航线。与 A340-300 相比,机身加长 3.3 米,拥有较大的机翼面积、较小的垂直控制面、较大的水平控制面和大幅增加的运载燃油量(比 A340-300 多出近 50%);采用 4 台涡轮风扇发动机。2002 年 2 月完成首飞,2003 年 9 月首架 500 机型交付阿联酋航空使用。

图 13-7　A340-500

二、A340-300 基本数据

表 13-1 A340-300 基本数据

项目	A340-300
翼展(米)	60.3
机长(米)	63.6
机高(米)	16.7
标准两级客舱布局载客(人)	295
货舱容积(立方米)	162.8
空机重(吨)	129
商载(吨)	43.5
最大油箱容量(升)	155 040
最大起飞总重(吨)	275
最大巡航速度	840 公里/小时
航程(公里)	13 250
动力装置	四台涡扇发动机
发动机型号	CFM 公司 CFM56-5 系列

第二节 应急设备的分布

一、应急设备分布位置

表 13-2 应急设备分布位置

图 标	名 称	客舱数量	客舱存放位置	驾驶舱数量
	灭火器	8	1L、1R 门座位下各 1 个，2L 门右侧座位下 1 只，2R 门左侧座位下 1 只，2R 门右侧座位背后 1 个，4L、4R 座位下各 1 个，下舱机组休息室 1 个	
	氧气瓶	9	第 1 排 AB 行李架上 1 只，第 1 排 HJ 行李架上 2 个，2L、2R 门座位旁储藏箱内各 1 个，4L、4R 座位旁储藏箱内各 1 个，前机组休息室 1 个，下舱机组休息室储藏箱内 1 个	
	呼吸保护装置	14	1L 门座位旁储藏箱内 2 个，1R 门座位旁 1 个，2L 门左侧座位背后 1 个，2L 门右侧座位上方 1 个，3L、3R 门座位旁各 1 个，4L、4R 门座位旁储藏箱内各 2 个，2R 门左侧座位上方 1 个，2R 门右侧座位背后 1 个，下舱机组休息室 1 个	
	应急斧	3	驾驶舱右侧 1 把，下舱机组休息室 1 把，4R 门旁储藏箱内 1 把	1
	急救药箱	3	第 1 排 HJ 行李架上 1 只，第 42 排 HJ 行李架上 1 只，L62 旁储藏间中格内 1 只	
	急救箱	1	驾驶舱左边衣帽间小门内	1
	麦克风	2	1L 门座位旁 1 个，第 41 排 AB 行李架上 1 个	

续表

图标	名称	客舱数量	客舱存放位置	驾驶舱数量
	信标机	2	第1排AB行李架上1个,第42排AB行李架上1个	
	手电筒	15	前机组休息室1只,下舱机组休息室1只,每一个乘务员座位旁1只,驾驶舱内2只	2
	旅客/机组救生衣	289 / 13	F舱、C舱/存放在旅客座椅中间扶手的下方,Y舱/存放在每位旅客的座椅下方,机组救生衣存放在每位机组人员座椅下方	4
	婴儿/儿童救生衣	15	第1排AB行李架内8件,第42排AB行李架内7件(集成包装)	
	婴儿安全带	15	第1排AB行李架内8根,第42排AB行李架内7根(集成包装)	
	演示包	2	第1排JH、第42排AB行李架内各3套(集成包装)	
	人工开氧工具	7	1L门座位下1个,2L门座位下1个,3L门座位下1个,4R座位下4个	
	应急出口带滑梯	2	3L、3R门("I"型门)处各1个	
	应急出口带滑梯/救生船	6	1L、1R、2L、2R、4L、4R门("A"型门)处各1个	
	加长安全带	6	第1排AB行李架内(集成包装)	
	生化隔离包	1	9E座位上最后一个小行李箱内	

二、分布图

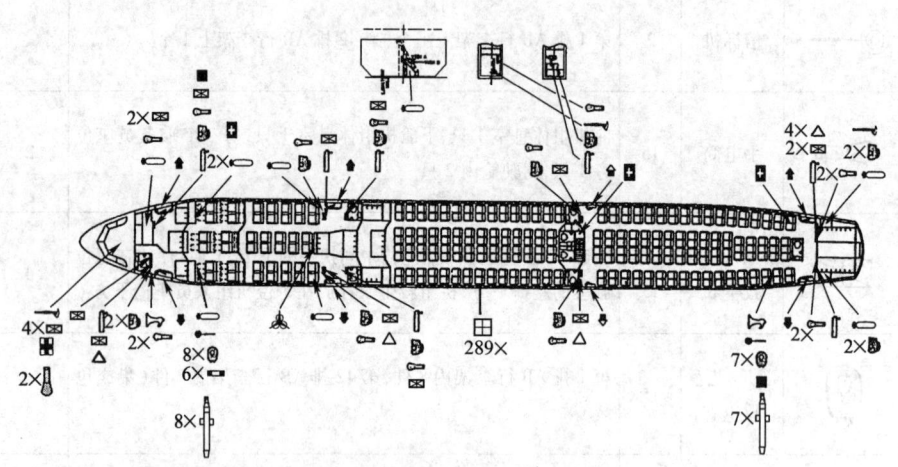

图 13-8　A340 应急设备分布

第三节　出口设置及操作

一、出口设置

（一）机门

该机型有 8 扇门，分布为：1L、1R、2L、2R、3L、3R、4L、4R。单通道滑梯安装在 3L 和 3R 门，双通道滑梯/救生船安装在 1L、1R、2L、2R、4L、4R 门处，1L、1R、4L、4R 救生船载客量 65 人，最大载客量 78 人。2L、2R 救生船的载客量 55 人，最大载客量 68 人。

（二）应急出口

L54 和 L62 门口地板处为下舱休息室的应急出口，当下舱休息室启用时，餐车和人员不可停留在出口处。

（三）驾驶舱出口

驾驶舱两边窗口可作为紧急出口。

二、出口正常操作

（一）解除待命（所有机门）

（1）将机门待命把手放到"非待命"（DISARMED）位置；
（2）插入带有红色飘带（可视）的保险销；
（3）合上塑料保护盖。

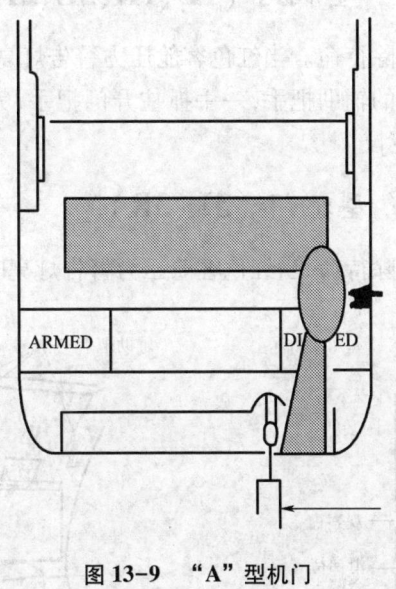

图 13-9　"A"型机门

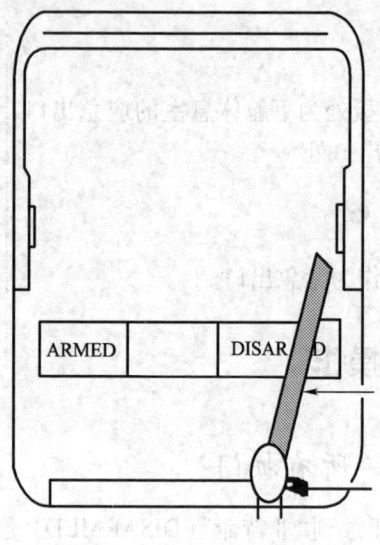

图 13-10 "I"型机门

(二)打开"A"型机门（1L、1R、2L、2R、4L、4R）

(1)确认机门已解除待命。当红色客舱压力警告灯亮时，不得开门；

(2)一手抓住门旁的辅助把手,一手抓住开门把手,完全提起开门把手,将机门向外向前推至锁定位。

(三)打开"I"型机门（3L、3R）

(1)确认机门已解除待命,当红色客舱压力警告灯亮时,不得开门；

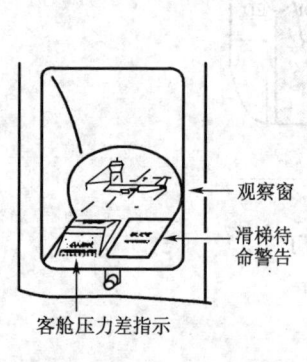

图 13-11 机门观察窗

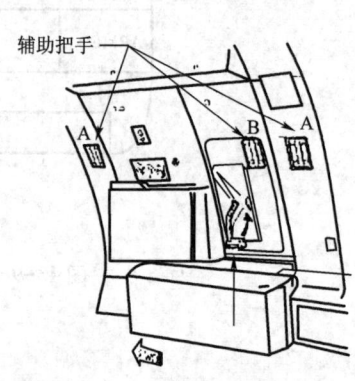

图 13-12 "A"型机门

(2)除去门把手上的安全罩;
(3)抓住门把手用力往上完全提起;
(4)将门向外向前推至锁定位。

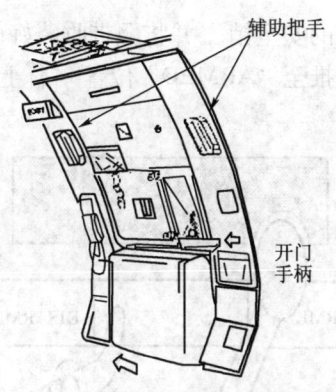

图 13-13 "I"型机门

(四)关闭"A"型机门(1L、1R、2L、2R、4L、4R)

(1)压下防风锁按钮,将门松开;
(2)握住辅助把手将门往后移与机身平行;
(3)移至门框时,将门把手向里向下压,关闭;
(4)检查门锁指示器,显示绿色"LOCKED"。

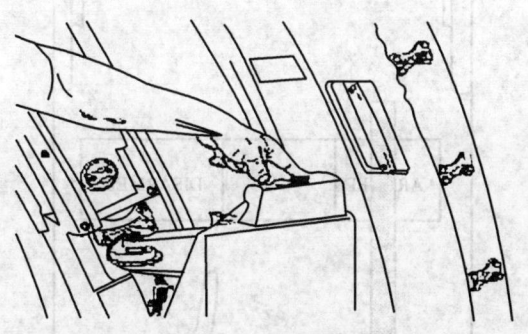

图 13-14 防风锁

(五)关闭"I"型机门(3L、3R)

(1)压下防风锁按钮将门松开拉至门框;

(2)将门把手向里向下压至关闭,合上门把手上的保护盖;
(3)检查门锁指示器,显示绿色"LOCKED"。

(六)机门待命(所有机门)

(1)拔掉带有红飘带的安全销,并将飘带收藏好,使之不可视;
(2)将待命把手向前推至"ARMED"位置,合上塑料保护盖。

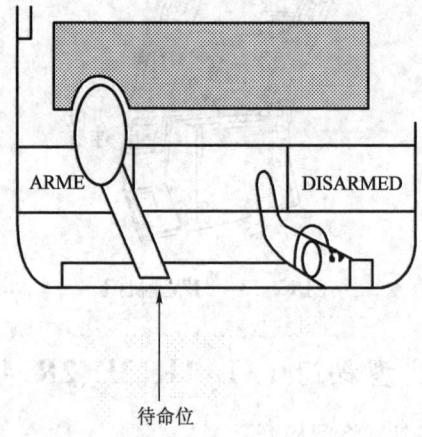

图 13-15 "A"型机门

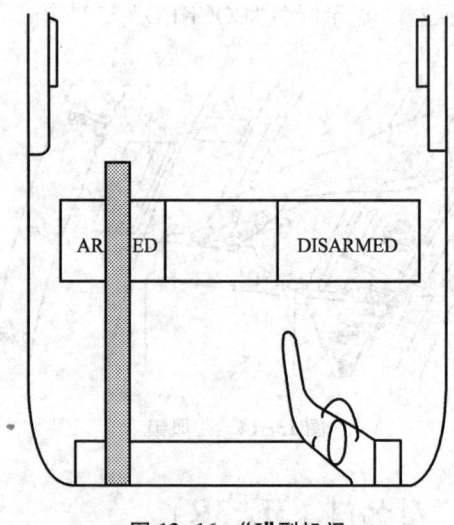

图 13-16 "I"型机门

三、出口应急操作

(一)打开机门——使滑梯/救生船展开(所有机门)

(1)确认机门在待命状态;
(2)除去门把手的安全罩(3L、3R);
(3)充分向上提起门把手然后松开;
(4)(滑梯待命警告灯亮)机门气动开启;
(5)充分拉出人工充气把手。

(二)人工打开机门——使滑梯/救生船人工展开(所有机门)

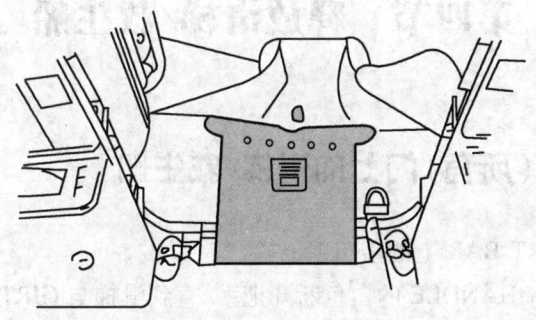

图 13-17 人工充气把手

(1)一手抓紧门旁的辅助把手,一手充分向上提起门把手至开位;
(2)然后用力将门推至锁定位;
(3)充分拉出人工充气把手;
(4)机门操作时,一手注意握住辅助把手,以防不测。

(三)开启驾驶舱紧急窗口

(1)将控制把手往下压,向后推;
(2)将把手往后拉至锁定位;
(3)使用脱离绳,打开窗上方的盖子,抓住绳头上的把手,从窗口滑下。

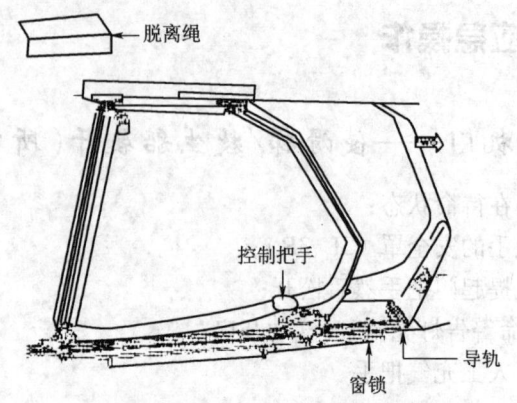

图 13-18 驾驶舱紧急窗口

第四节 释放滑梯/救生船

一、脱开（所有）门上的滑梯/救生船

(1) 掀开 GIRT BAR 上的盖布；
(2) 拉出标有 HANDLE 的白色断开把手，直到滑梯与 GIRT BAR 脱离；
(3) 用救生船上的小刀将系留绳割断使滑梯与机身脱离。

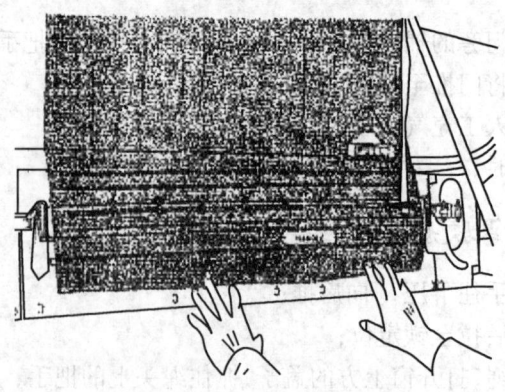

图 13-19　GIRT BAR

二、安装天篷

（1）找出天篷包内的天篷支杆；
（2）将两个支杆的螺纹头相对插上；
（3）将支杆的包头与救生船上支杆固定位上的尼龙块黏合，并用绳固定；
（4）将天篷顶部的支杆固定位与支杆相扣；
（5）将天篷覆盖在天篷撑竿上，将绳子绕在支柱的橡皮底部；
（6）将天篷底部的绳子与船上的天篷固定位连接，系紧；
（7）将救生船上的定位灯伸出天篷的小孔。

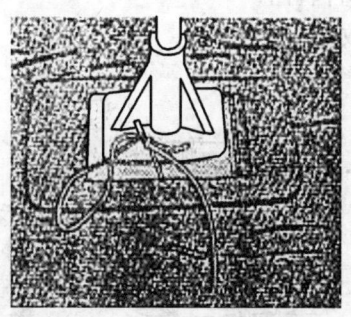

图 13-20　安装底座

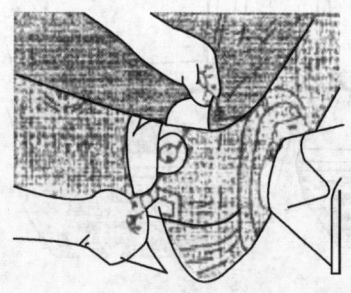

图 13-21　将天篷安装到充气支柱

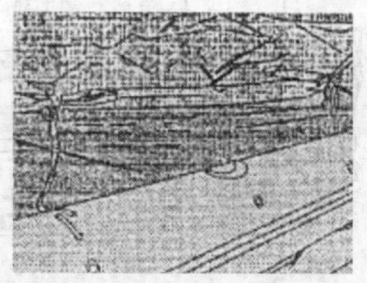

图 13-22　固定天篷

三、救生船转移（仅 1L、1R、4L、4R 可以互换使用）

如果有一扇门不能使用，受挤压或在海上迫降时被淹，这时就要将这扇门上的救生船移至另一扇救生船已经脱开的门上。

（一）去除滑梯/救生船外壳包装，将滑梯/救生船包从不能使用的门上拆除

(1) 按下快速松开扳手使 GIRT BAR 弹出；
(2) 拉动两侧红色可脱卸把手，使滑梯／救生船包松开；
(3) 卸下滑梯／救生船包，使之与机门脱离，并放在地上；
(4) 必要时使整个部件转向；
(5) 将 GIRT BAR 放在软盖上。

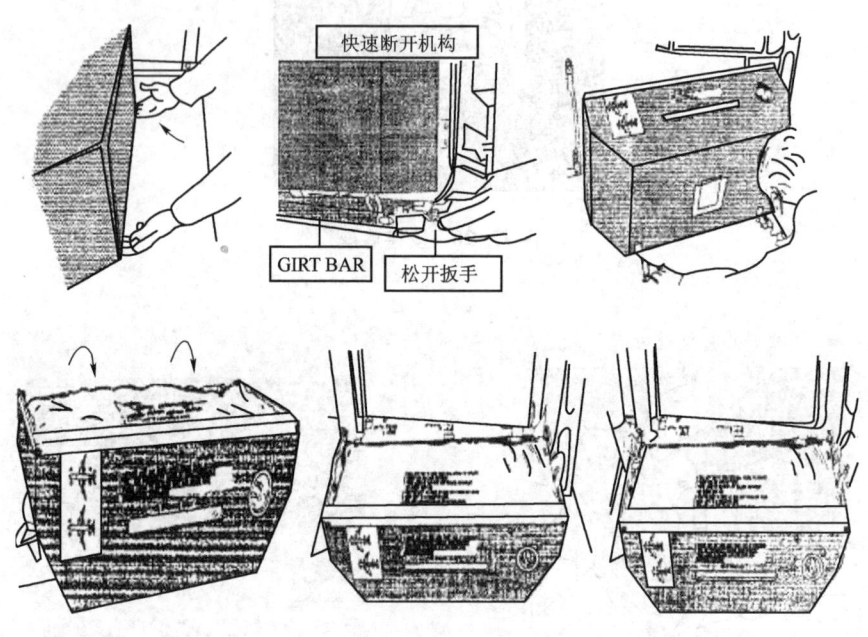

图 13-23　拆除滑梯/救生船包

第十三章 A330和A340

（二）将滑梯/救生船包搬运到另一扇门处，将滑梯/救生船包安装在新的门上

（1）使滑梯／救生船包放在新门前，使软盖面向机外；

（2）按动松开扳手，松开并除去使用过的 GIRT BAR；

（3）将新的 GIRT BAR 固定好；

（4）将新的救生船推出机门，使之充气。如果自动充气失败，拉动人工充气把手。

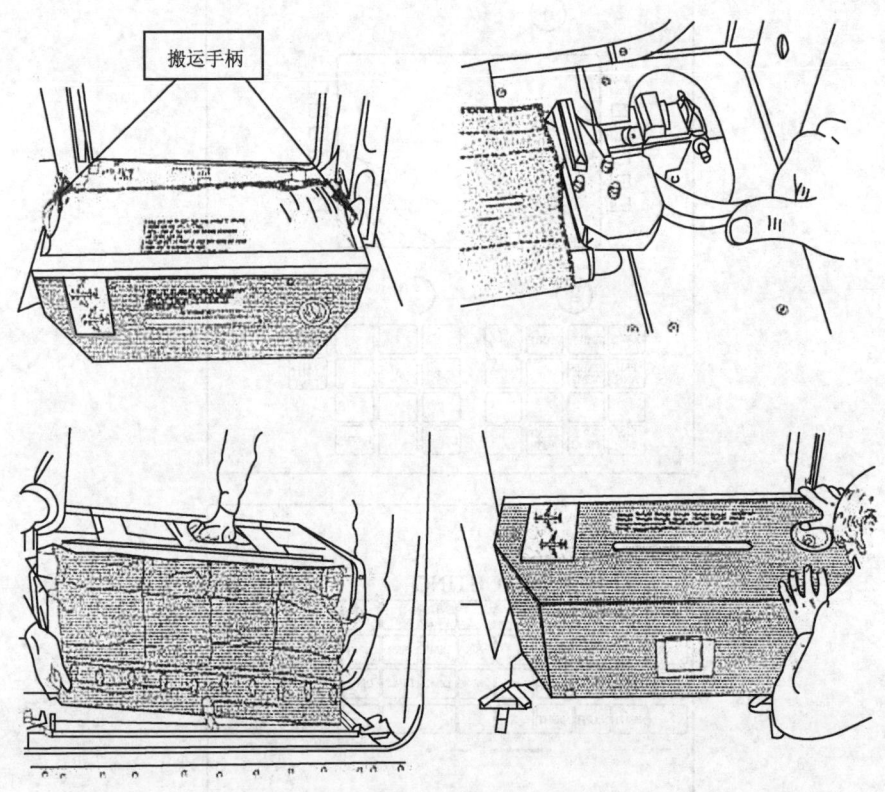

图 13-24　安装滑梯/救生船包

第五节 乘务员控制面板和客舱通信系统

一、乘务员控制面板

(一)前乘务员控制面板

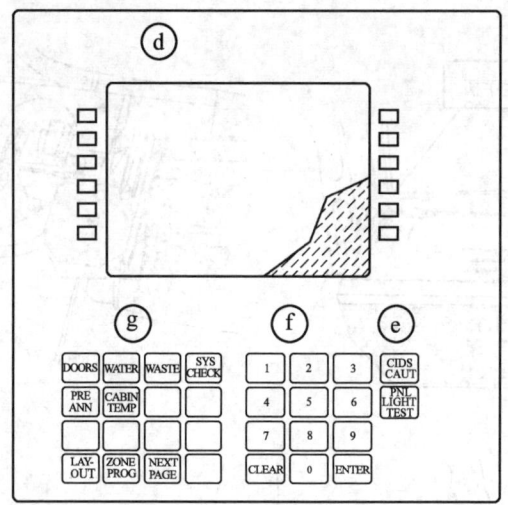

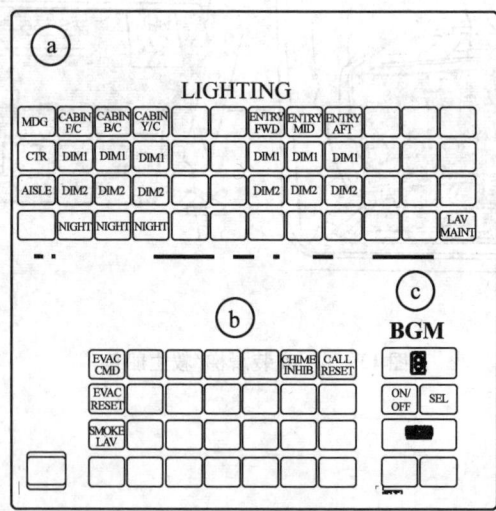

图 13-25 前乘务员面板

1. 灯光面板 a

表 13-3 灯光面板 a

MDG	侧窗灯
CTR	中央顶灯
AISLE	侧顶灯
CABIN F/C	头等舱灯光且 100% 亮度
CABIN B/C	公务舱灯光且 100% 亮度
CABIN Y/C	普通舱灯光且 100% 亮度
DIM 1	50% 亮度
DIM 2	10% 亮度
NIGHT	夜航照明
ENTRY FWD	前入口灯
ENTRY MID	中入口灯
ENTRY AFT	后入口灯
LAV MAINT	厕所灯全开

2. 杂项面板 b

表 13-4 杂项面板 b

EMER	人工接通应急灯光
SMOKE LAV	任一厕所烟雾警告
EVAC CMD	撤离指令/警告声
EVAC/RESET	取消相关客舱各类警告
CHIME INHIB	旅客呼号提示声抑制键
CALL RESET	取消所有旅客呼叫

3. 登机音乐 c

表 13-5 登机音乐 c

ON/OFF	开/关
SEL	选频

4. CIDS 系统液晶屏及软键 d/e

表 13-6　CIDS 系统液晶屏及软键 d/e

CIDS CAUT	CIDS 系统或相关系统故障提示灯
PNL LIGHT TEST	液晶屏及前乘务员控制面板按键测试键

5. 数字键 f

表 13-7　数字键 f

"0~9"	数字输入键
ENTER	输入
CLEAR	清除

6. 功能键 g

表 13-8　功能键 g

DOORS	显示机门状况页面
WATER	预设并显示水量页面
WASTE	显示污水量页面
SYS CHECK	显示 CIDS 检查页面
PRE ANN	预录广播操作页面
CABIN TEMP	显示并用于调节客舱温度
LAYOUT	客舱布局调整(维护人员操作)
ZONE PROG	区域编排,如禁烟区设定
NEXT PAGE	显示下一页

(二)附加乘务员面板

附加乘务员面板仅用于控制相关客舱与入口处的灯光。

表 13-9　附加乘务员面板

EVAC/RESET	取消本舱警告声
SMOKE LAV	任一厕所烟雾警告
CABIN-DIM1-DIM2	调节客舱灯光亮度
ENTRY-DIM1-DIM2	调节入口灯光亮度
NIGHT	夜航灯光键

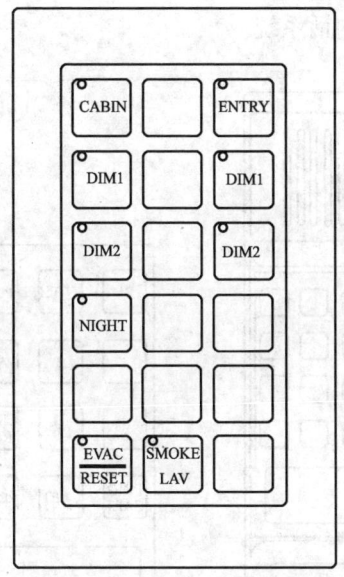

图 13-26 附加乘务员面板

二、客舱通信系统

(一)机内广播操作

(1)取下手机;
(2)按"PA"和"ALL"键或相应客舱键;
(3)在广播过程中始终按住"PTT"键;
(4)挂好手机切断广播系统;
(5)直接按下"PTT"键为应急广播。

(二)内话系统操作

(1)取下手机;
(2)按下"CAPT"键呼叫驾驶舱,或"PRIO CAPT"紧急呼叫驾驶舱;
(3)按下"INTPH"和区域号码,呼叫该区域乘务员;
(4)按下"INTPH"和"ALL"呼叫所有乘务员;
(5)通话时不要按住"PPT"送话键;

(6)按下"RESET"键,取消呼叫提示灯光;
(7)挂好手机,切断内话系统。

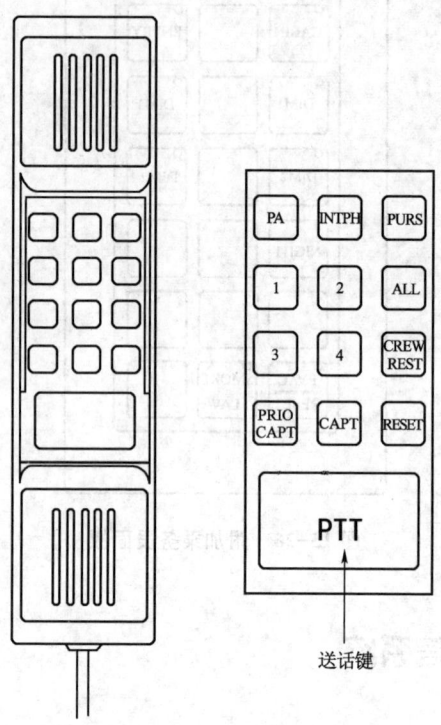

图 13-27 手机

三、CIDS 系统

表 13-10 CIDS 系统

DOORS	按下随时显示有关机门与滑梯信息:滑梯压力,气动开门压力;滑梯是否待命,机门开闭状态;飞前检查。
WATER	按下显示净水水量与控制页面:"+"和"-"可以分别用于控制注水量;飞前检查。
WASTE	按下显示污水状况。

续表

PRE ANN	按下显示预录广播设置、播放页面：数字键（0~9）输入条目号；"ENTER"确定输入条目；"CLEAR"清除输入条目。页面中的控制："START ALL"播放全部预设的广播；"START NEXT"逐条播放预设的广播；"STOP"停止播放广播；"MEMO1~5"预设广播的播放顺序。
CABIN TEMP	![客舱温度显示] S/R 10-16 RIO 24.0 18 20 22 24 26 28 30 ℃ S/R 20-45 AFT 32.0 18 20 22 24 26 28 30 ℃ RESET TO CDOKPIT SELRCTED TEMP. 按下显示客舱温度调整页面："▲"指示设定的客舱温度；"FWD 16.0"显示相关区域实际温度；按下"+""-"软键，修正客舱温度；当选"REST TO COCKPIT SELECT TEMP"时，设置成由驾驶舱调整客舱温度。
ZONE PROG	按下显示客舱区域编程页面："CABIN ZONE"用于设置客舱等级与设定乘务员工作区域。如广播、录像、呼叫灯光的控制与显示范围；"SMOKING ZONE"设置禁烟区。
SYS CHECK	人工按下显示系统检查页面：飞前检查。
SYS CHECK	自动显示当客舱中某系统故障时，该页面自动跳出或在其他页面中显示"SELECT SYS CHECK"。"CIDS CAUT"键闪亮：CIDS 内部或相关系统故障；屏幕显示故障信息；黄色字条为故障部分；按相应的软键，即可知道故障信息；故障排除后，自动关闭；空中可人工关闭，落地后再次亮出。

四、下舱机组休息室

机组休息室安装在后货舱的前部。

（一）出口

机组通过一个楼梯门进入休息室，并配备有一个应急出口。

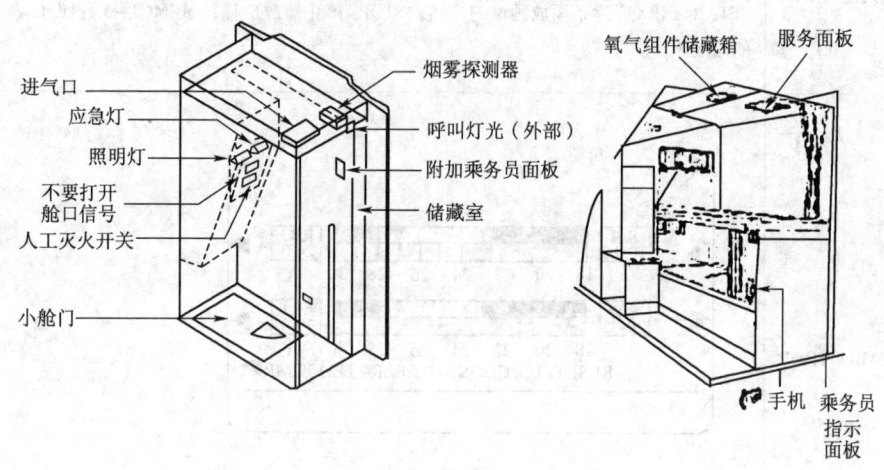

图 13-28　机组休息室

（二）警告系统

1. 空气稀薄

当探测到机组休息室内空气稀薄时，机组休息室内扩音器蜂鸣声响 30 秒钟。机组人员可使用紧急出口和楼梯出口撤离出去；确认机组人员全部撤离后，紧急出口和普通出口必须关闭。

2. 烟雾或起火

当机组休息室内探测到烟雾时，休息室内和乘务员扩音器中出现蜂鸣声响，相应的区域呼叫面板上和乘务员指示面板上呈琥珀色闪亮，机组休息室外面的呼叫灯光显示键呈黄色闪亮，用手提灭火器灭火。

如果人工灭火失败：迅速从紧急出口和楼梯出口撤离；确认机组人员已全部撤出，应急出口和正常出口必须关闭；这时自动灭火系统开始工作，但是人工灭火开关必须打开；一个可见的"DO NOT OPEN THE DOOR"警告出现在出口门上方。

当机组休息室无人，但小舱门开时，机组休息室内烟雾警告和出口门关闭，客舱内出现相同的警告：检查机组休息室内是否有人；如可能使用手提式灭火器进行灭火。

如果人工灭火失败:撤出休息室,关闭紧急出口和正常出口门;此时自动灭火系统开始工作,但为防止系统失效,必须打开系统人工灭火开关。

3. 急速失压

机组休息室扩音器内传出高低音响 30 秒钟,并且当座舱高度达到 14 000 英尺时,氧气面罩自动脱落。机组人员戴上氧气面罩;检查在机组休息室内的乘务员是否听到警告和使用了氧气面罩;检查安全带是否系好;在飞机下降阶段,待在休息室内。当飞机到达安全高度时,机组人员通过旅客广播系统通知机组休息室人员。

4. CIDS 失效

如果 CIDS 失效,在前乘务员面板和驾驶舱 ECAM(电子中央检测系统)页面上出现"CIDS IMPO"指示,在 CIDS 失效期间不能使用机组休息室。

(三)小舱门的操作

1. 打开小舱门

将小舱门上的红色开关手柄旋转至开位;提起小舱门,紧靠墙壁;压下小舱门的固定把手,确认锁扣锁上。

2. 关闭小舱门

松开小舱门固定锁扣并提起固定把手;放下小舱门与地板平;将红色小舱门开关把手旋转至关闭位。

电源被关或主小舱门关闭的情况下,请勿进入机组休息室,否则有窒息危险。

小舱门固定把手的锁扣正常情况下必须被按下并旋转至垂直状态,当要抬起小舱门固定把手时,首先要将把手锁扣环旋转至水平状态,然后向上推,露出锁扣环下方的红点,小舱门固定把手方可抬起。

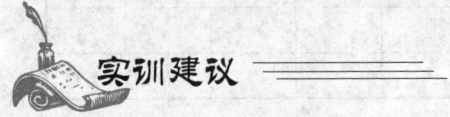
实训建议

建议开课院校在课程讲授过程中安排学生参观空客 A330/A340 系列的机

型,有条件的院校还可以按照教学目标中列出的操作目标安排学生进行有关的操作训练。课后学生自己查找相关资料,分析 A330/A340 系列其他型号的客舱设备与运行管理中的操作差异和不同的注意事项。

本章小结

本章主要以 A340-300 飞机为例介绍空客 A330/A340 系列客机的客舱设备和运行,应急设备的分布和使用方法,出口的分布以及正常和非正常状况下的操作方法,释放滑梯和救生船的程序和注意事项,客舱内乘务员控制面板。此外,还简单介绍了客舱通信系统和 CIDS 系统。

信息卡

中国 2009—2016 年年末民用飞机架数统计(空客系列)

(单位:架)

	2016	2015	2014	2013	2012	2011	2010	2009
A380	5	5	5	5	4	2	0	0
A340-600	0	0	4	8	8	8	8	8
A340-300	0	1	4	5	6	11	11	11
A330-200	100	94	85	77	64	51	43	36
A330-300	85	77	62	46	37	33	27	23
A321	273	217	192	162	146	131	118	90
A320	727	645	579	503	432	357	281	219
A319	183	187	173	167	159	152	147	142
A318	2	3						
A300F	3	0						
A320neo	2	0						

第十四章 B737 客机

课前导读

本章主要以 B737-700 飞机为例介绍波音 B737 系列客机的客舱设备和运行，应急设备的分布和使用方法，出口的分布以及正常和非正常状况下的操作方法，释放滑梯和救生船的程序和注意事项，客舱内乘务员控制面板。此外，还简单介绍了客舱通信系统和 CIDS 系统。

教学目标

知识目标：熟悉 B737-300 客机应急设备和出口在飞机中的分布和使用方法；熟悉滑梯和救生船的安放位置；熟悉客舱内乘务员控制面板的布局；了解 B737-300 客机客舱通信系统。

技能目标：掌握 B737-700 客机应急设备使用方法；熟悉正常和紧急状况下出口的正确操作方法；能熟练释放滑梯和救生船，熟悉相关注意事项；能熟练操作客舱前后乘务员控制面板。

第一节 B737 客机基本信息

一、B737 系列简介

（一）B737 系列发展历程

B737 飞机是波音公司生产的双发（动机）中短程运输机，被称为世界航空史上最成功的民航客机。在获得德国汉莎航空公司10架启动订单后,B737飞机于1964年5月开始研制,1967年4月原型机试飞,同年12月取得适航证,1968年2月投入航线运营。

B737飞机基本型为B737-100型。传统型B737分100/200/300/400/500型五种,1998年12月5日,第3000架传统型B737出厂。目前,传统型B737均已停止生产。

1993年11月,新一代B737项目正式启动,新一代B737分600/700/800/900型四种,它以出色的技术赢得了市场青睐,被称为卖得最快的民航客机。

图 14-1　B737 系列

(二)B737系列传统型号

1. B737-100 型

B737-100为基本型,装两台JT8D-7或JT8D-9涡扇发动机,仅生产30架。1967年4月9日首飞,1968年2月交付德国汉莎航空公司使用。

图 14-2　B737-100

2. B737-200 型

B737-200 为 B737-100 型的加长型；在 B737-100 的机身上加长 1.8 米，在空气动力方面加以改进，同时还增加了反推装置，修改了襟翼等，至 1988 年 8 月停产，共生产 1 114 架，根据使用重量可使用 JT8D-9 至 JT8D 17 多种型号发动机。

B737-200 基本型：最初生产型。

图 14-3　全日空 B737-200

B737-200 先进型：在 B737-200 型生产线上第 280 架后，进一步改进机翼、制动系统和起落架后，形成先进型，该机型可在机腹货舱加装油箱，1987 年 12 月 18 日，最后一架出厂的 B737-200（先进型）注册编号为 B2524，在我国厦门航空公司安全运营 15 年后，于 2003 年退役。

B737-200C/QC 客货两用型：对机身和地板进行了加强。客舱加开了一个舱门。客型和货型可以快速转换，共生产 104 架。

B737-200 远程型：总燃油量增加到 22 598 升，下货舱后部还有一容积为 3066 升的备用油箱，其航程比标准型 737-200 增加 1200 公里。

3. B737-300 型

B737-300 为标准型，机身比 B737-200 型加长 2.64 米（机翼前机身加长 1.12米，机翼后机身加长 1.52 米）。该机型于 1981 年 3 月正式开始研制，1983 年中开始总装，1984 年 1 月第一架原型机出厂，同年 2 月 24 日首次试飞，11 月 28 日首次交付使用。

图 14-4　B737-300

4. B737-400 型

在 B737-300 型的基础上再加长 3.05 米(机翼前机身加长 1.83 米,机翼后机身加长 1.22 米),安装了尾橇,起飞时保护后机身,同时由于最大起飞重量增加到 54 885 千克,对机翼和起落架进行了加强。

图 14-5 B737-400

5. B737-500 型

B737-500 为 B737-300 型的缩短型。波音公司为了更充分地占有 100~150 座中短程客机各个档次,于 1987 年 5 月 20 日宣布发展 B737-500。将 B737-300 的机身缩短 6.7 米,载客量 108 人,最大起飞重量 52 163 千克。首架 B737-500 于 1989 年 6 月 30 日首飞,1990 年 2 月 12 日获得美国联邦航空局的型号合格证。1990 年 2 月 28 日首次交付美国西南航空使用。

图 14-6 B737-500

(三) 新一代 B737

1. 简要介绍

在保持 B737-300/400/500 型受用户青睐的可靠、简单以及运营成本低的基础上,对机翼进行改进,换装推力更大、性能更好的 CFM56-7 发动机,使航程加大,与竞争对手空中客车 A320 同样具备了横跨美国大陆的飞行能力;同时采用了 B777 飞机最先进的数字化设计和制造技术。其中 B737-700 型为标准型,而 B737-300 型和 B737-800 型为 B737-700 型的加长型,B737-600 型为 B737-700 型的缩短型。

2. 设计

经过严格的气动力分析计算,波音公司重新设计了新一代 B737 的机翼,机翼的弦长增加了 50 厘米,翼展增加了 5 米,使得机翼总面积增加了 25%,燃油容量提高了 30%。先进的翼型设计使新一代 B737 的最大航程达到 6 000 公里,可以进行横跨美国大陆的飞行。新一代 B737 的巡航速度提高到 0.785 马赫(848 公里/小时),最大速度可达 0.82 马赫(885 公里/小时),最大巡航高度 12 400 米,超越了同级竞争机型。

3. 发动机

新一代 B737 选择了 CFM56-7 发动机作为动力。这种新型的发动机采用了代表最先进技术的宽弦风扇和全权限数字式发动机控制系统(FADEC)。与传统型 B737 上配置的 CFM56-3 发动机相比,其推力增加了 11%,而噪声远远低于三级噪声标准,而且它还具有油耗低和维护费用低的特点。

4. 通用性

新一代 B737 系列飞机与传统型 B737 具有相同的零部件与地面支持设备,完全相同的地面维护。另外,新一代 B737 的四种机型间具有 98% 的机械零部件通用性和 100% 的发动机通用性,从而为航空公司用户带来了满意的运营成本。

5. 灵活性

新一代 B737 系列飞机的客舱内饰也应客户要求做了很大的改善:设计采用了 B777 飞机客舱顶板的设计技术,飞机的灵活性大大改进,航空公司可以在不到1分钟的时间里,将新一代B737的客舱布局从公务舱的每排5座改成经济舱的每排6座;也可以在不到1个小时的时间里,将新一代B737的客机改装成货机。

6. 新技术

2000年2月,波音开始提供一种先进的翼梢小翼技术,作为B737-800机型的选装项目。这种约2.4米高的融合式翼梢小翼将使新一代B737飞机的航程更远、有效载荷增加约2.7吨、油耗降低,并且更加环保。2001年5月,首架带有翼梢小翼的B737-800飞机在德国的哈帕克·劳埃德航空公司投入运营。

7. B737-700型

B737-700型为标准型,可以载客126~149名,1993年11月17日开始研制,1997年2月9日首飞,1997年年底交付启动用户美国西南航空使用。

图14-7　B737-700

8. B737-800型

B737-800型为加长型,可以载客162~189名,1994年9月5日开始研制,1997年7月31日首飞,1998年4月交付启动用户德国的哈帕克·劳埃德航空公司使用。

图14-8　B737-800

9. B737-600 型

B737-600 型是 B737-700 型的缩短型,可以载客 110~132 名,1994 年 9 月 5 日开始研制,1998 年 1 月 22 日首飞,1998 年 9 月开始交付启动用户北欧航空公司使用。

图 14-9　B737-600

10. B737-900 型

B737-900 型是为了更好地与 185 座空中客车 A321 竞争而发展起来的。在 B737-800 型的基础上再加长 2.6 米,机身长达到 42.1 米。

B737-900 为该系列中最新、最大的成员,可以载客 177~189 名。于 2000 年 8 月 3 日首飞成功,2001 年 4 月 17 日获 FAA 适航证,4 月 20 日获欧洲联合航空局(JAA)适航证并于 2001 年 5 月投入运营。

图 14-10　B737-900

二、B737-700 基本数据

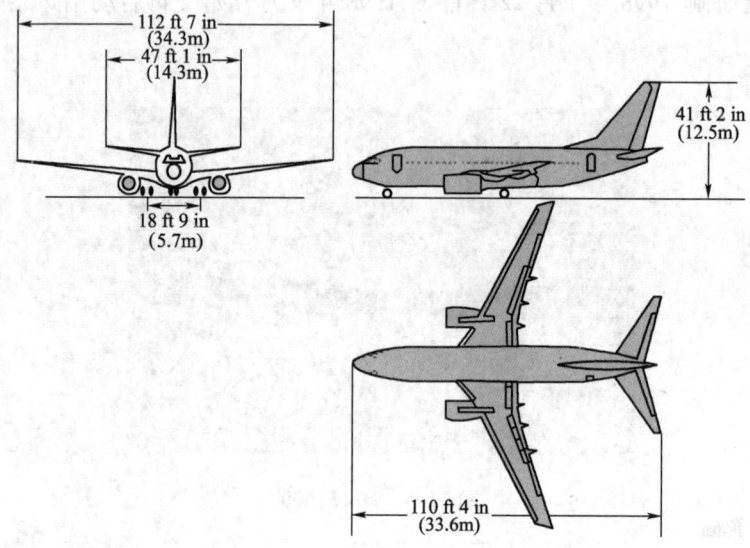

图 14-11　B737-700 三视图

表 14-1　B737-700 基本数据

项　目	B737-700
翼展(米)	34.3
机长(米)	33.6
机高(米)	12.6
标准两级客舱布局载客(人)	149
货舱容积(立方米)	27.3
商载(吨)	16
空机重(吨)	41
最大油箱容量(升)	26 035

续表

项 目	B737-700
最大起飞总重(吨)	70
最大巡航速度马赫数	0.82
航程(公里)	6 038
动力装置	两台涡扇发动机
发动机型号	CFM 公司 CFM56-7B 系列

第二节 应急设备的分布

一、应急设备分布位置

表14-2 应急设备分布位置

图标	名称	客舱数量	客舱存放位置	驾驶舱数量
	氧气瓶	4	1L 门右侧壁板内 2 个，23ABC 行李架内 2 个	
	HALON 灭火器	2	1L 门右侧壁板内 1 个，2L 乘务员座椅上方 1 个	
	水灭火器	1	2R 乘务员座椅上方 1 个	
	呼吸保护装置	5	1L 门右侧壁板内 2 个，2L 乘务员座位上方 2 个，2R 乘务员座椅上方 1 个	

续表

图标	名称	客舱数量	客舱存放位置	驾驶舱数量
	信标机		1L门右侧壁板内	
	婴儿/儿童救生衣	4	1L门右侧壁板内	
	加长安全带	4	1L门右侧壁板内	
	麦克风	2	1L门右侧壁板内1个,23DEF行李架内1个	
	手电筒	5	每个乘务员座椅下各1个	3
	脱离绳	2	翼上出口处左、右各1根	2
	应急出口带滑梯	4	1L、1R、2L、2R	
	应急出口无滑梯	2	翼上应急出口	
	急救箱	2	前进口壁板处1个,23ABC行李架内1个	
	急救药箱	1	23DEF行李架内1个	
	应急斧			1
	救生船	3	客舱前部天花板内1个,客舱后部天花板内2个	
	演示包	2包	飞机左边第1个行李架内2套,飞机左边最后1个行李架内1套	
	机组/旅客救生衣	5+140/134	每位乘员座位下	3
	生化隔离包	1	1DF或22ABC行李架内	

二、分布图

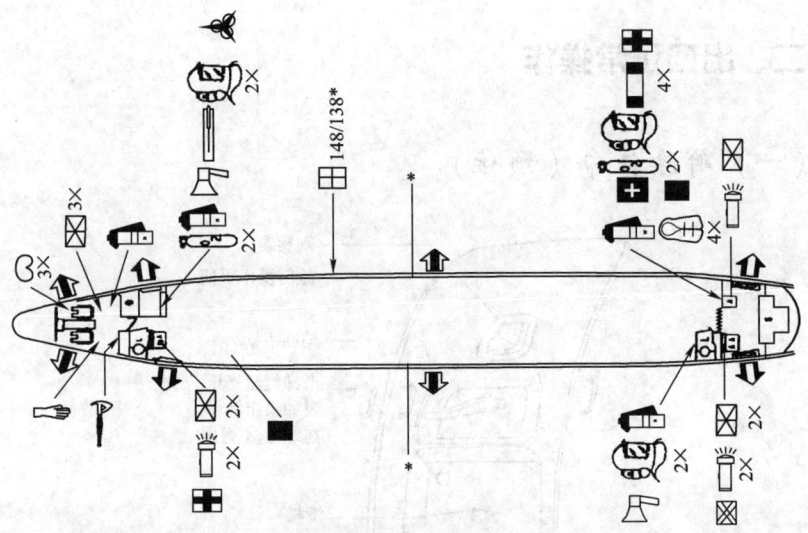

图 14-12　B737 应急设备分布图

第三节　出口设置及操作

一、出口设置

（一）机门

该机型有 4 扇门：1L、1R、2L、2R，在每个机门处安放有单通道滑梯，分别位于每个机门处。

（二）翼上应急窗

2 个翼上应急窗位于机翼两侧，每侧一个。

(三)驾驶舱出口

驾驶舱两边窗口可作为应急出口。

二、出口正常操作

(一)解除待命(预位)

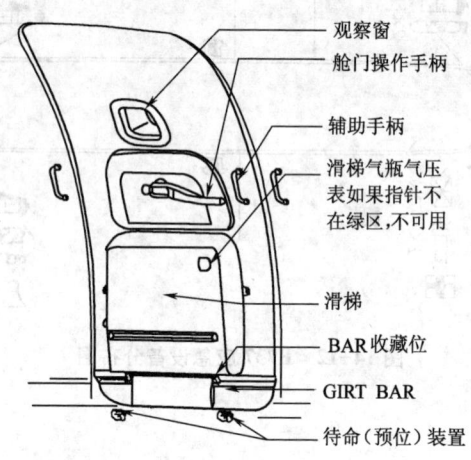

图 14-13 机门

(1)从待命位退出 GIRT BAR;
(2)把 GIRT BAR 固定在舱门底端收藏位置上;
(3)观察窗处的红标签复位;
(4)确定门已处在非待命(预位)状态。

(二)打开机门

(1)将待命把手压下至"ARMED"位置,合上塑料保护盖,确认门已处非待命(预位)状态;
(2)根据箭头所指方向旋转门把手。

(三)关闭机门

(1)按下门边的防风锁松开键;

(2)向内拉机门;
(3)将机门向外推,直至与机身平;
(4)旋转门手柄,关紧门使其密封;
(5)为了安全,在机门操作时一手应握住辅助手柄。

(四)机门待命(预位)

(1)在关闭机门后;

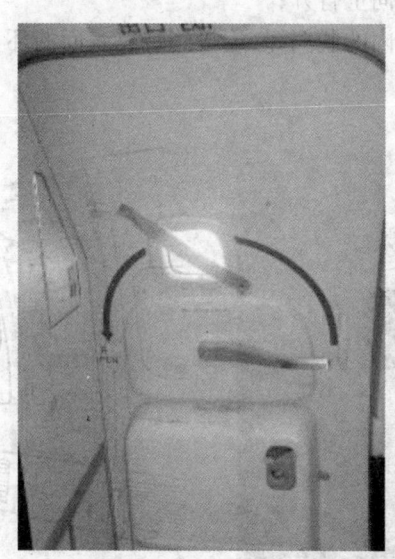

图 14-14　机门预位

(2)观察窗处的红标签挂好;
(3)卸下舱门底端 GIRT BAR;
(4)把 GIRT BAR 插入地板的待命(预位)位;
(5)确认门已待命(预位)。

三、出口应急操作

(一)打开机门——放下滑梯

(1)确认门已处待命(预位)状态;

(2)按箭头方向转动门手柄直到转不动为止；
(3)推开舱门,至锁定位；
(4)充分拉出人工充气手柄；
(5)为防意外,开门时一手应握住辅助把手。

(二)打开应急窗出口

(1)向下向内拉手柄,松开；
(2)窗会自动向外向上打开；
(3)拉出应急窗框内的脱离绳,连接到机翼表面的环上。

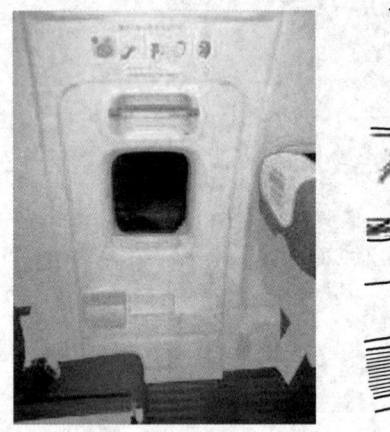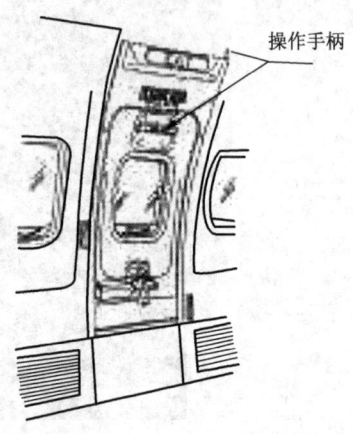

图 14-15　应急窗口

(三)打开驾驶舱窗出口

(1)按压手柄上的旋钮；
(2)向后朝里旋转手柄；
(3)拉住手柄直到应急窗完全打开；
(4)使用救命绳:按红色按钮打开救命绳存放盒盖,取出绳子并将其牢固连接在机身上,将绳扔出窗外,从窗口拉着绳子滑落到地面。

第四节　释放滑梯/救生船及客舱通信系统

一、把滑梯用作浮板

(1) 掀开 GIRT BAR 上的盖布,使白色断开手柄暴露出来;
(2) 拉动手柄,使滑梯从 GIRT BAR 上分离出来;
(3) 割断绳索,使滑梯脱离飞机;
(4) 用力拉断系留绳上的橘黄色的"PULL"手柄;
(5) 使充气滑梯与系留绳分开;
(6) 水上迫降时 2L、2R 门禁止打开。

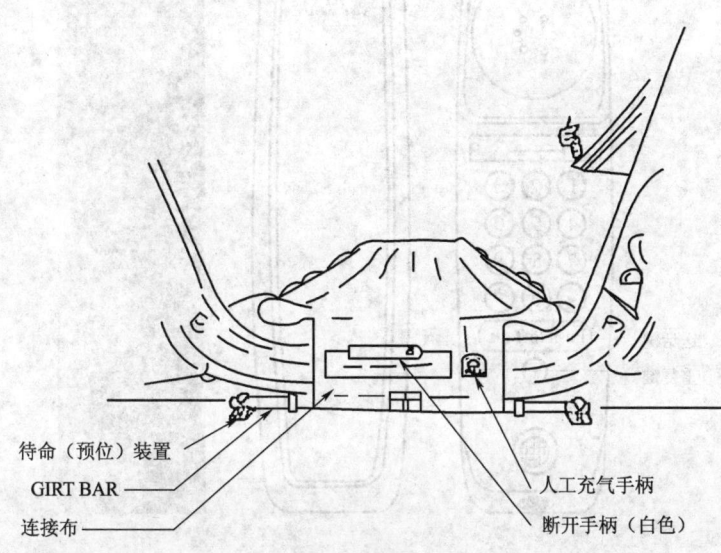

图 14-16　滑梯

二、救生船

救生船共有 3 个,载客量为 56 人。

三、内话、广播系统

(1) 取下手机;
(2) 呼叫驾驶舱:按"2",再按"PTT"键;
(3) 呼叫乘务员:按"5",再按"PTT"键;
(4) 广播:按"8",再按"PTT"键;
(5) 紧急呼叫:按"2,2,2";
(6) 按下"REST"键,取消呼叫提示灯光;
(7) 挂好手机,切断内话系统。

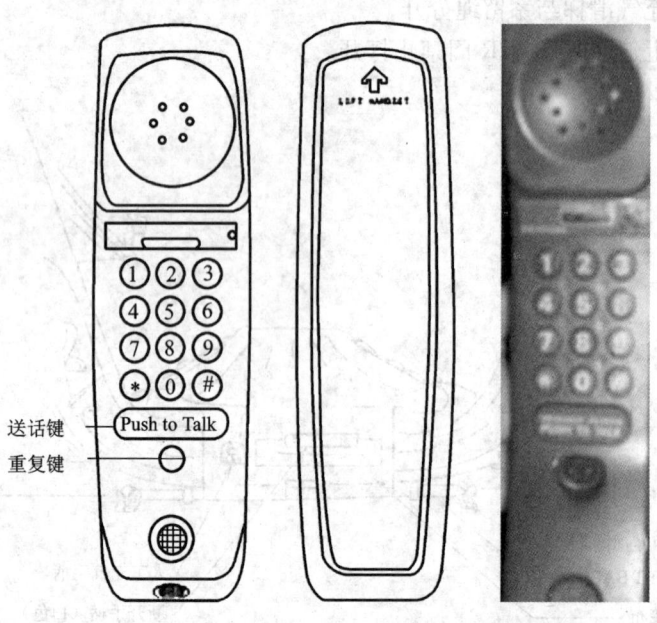

图 14-17 手机

四、乘务员控制面板

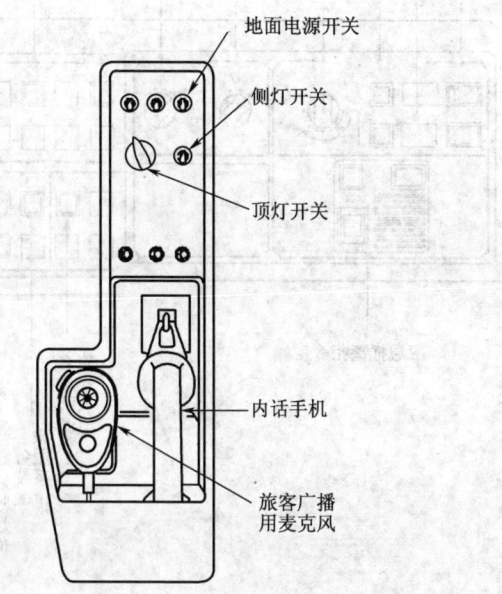

图 14-18 前乘务员面板

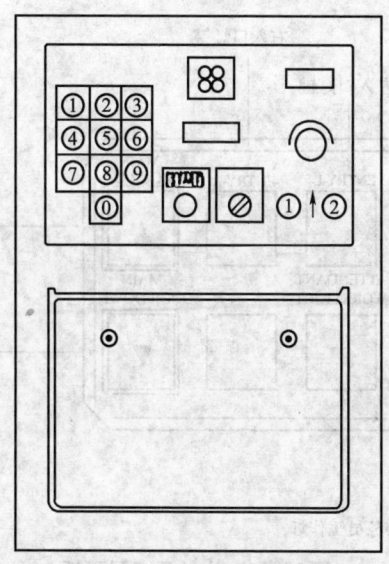

图 14-19 预录广播系统

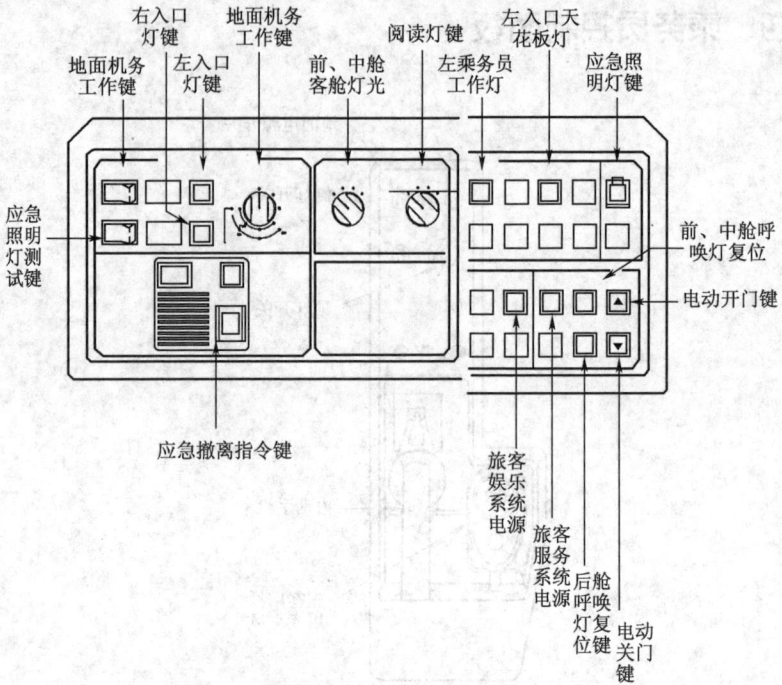

图 14-20 前舱乘务员面板

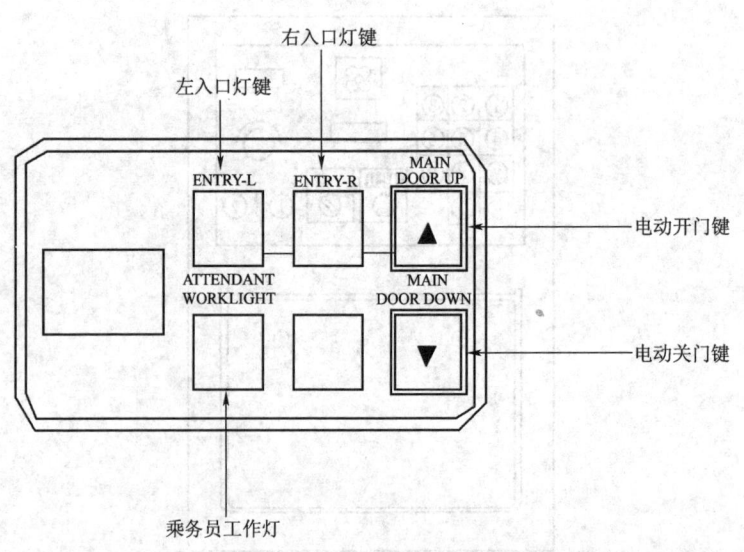

图 14-21 中舱乘务员面板

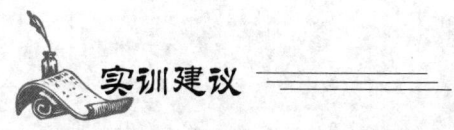

建议开课院校在课程讲授过程中安排学生参观 B737 系列的机型，有条件的院校还可以按照教学目标中列出的操作目标安排学生进行有关的操作训练。课后学生自己查找相关资料，分析 B737 系列其他型号的客舱设备与运行管理中的操作差异和不同的注意事项。

本章主要以 B737-300 飞机为例介绍 B737 系列客机的客舱设备和运行，应急设备的分布和使用方法，出口的分布以及正常和非正常状况下的操作方法，释放滑梯和救生船的程序和注意事项，客舱内乘务员控制面板。

第十五章 B767 客机

● 课前导读 ●

本章主要以 B767-300 飞机为例介绍 B767 系列客机的客舱设备和运行,应急设备的分布和使用方法,出口的分布以及正常和非正常状况下的操作方法,释放滑梯和救生船的程序和注意事项,客舱内乘务员控制面板。此外,还简单介绍了客舱通信系统和 CIDS 系统。

教学目标

知识目标:熟悉 B767-300 客机应急设备和出口在飞机中的分布和使用方法;熟悉滑梯和救生船的安放位置;熟悉客舱内乘务员各个控制面板的布局;了解 B767-300 客机客舱通信系统和 CIDS 系统。

技能目标:掌握 B767-300 客机应急设备使用方法;熟悉正常和紧急状况下出口的正确操作方法;能熟练释放滑梯和救生船,熟悉相关注意事项;能熟练操作客舱前后乘务员控制面板。

第一节 B767 客机基本信息

一、B767 系列简介

(一) B767 家族发展历程

B767 飞机是波音公司生产的双发(动机)半宽体中远程运输机,主要是用来争夺20世纪80年代B707、DC8、B727等200座机中远程客机由于退役而形成的市场。1972年提出计划,1978年7月开始全面研制,1981年9月26日第一架B767飞机首飞,1982年7月获型号合格证,同年8月投入航线运营。

B767采用了全新的机体,机身宽5.03米,这个宽度非常适合采用舒适的双过道客舱布局,并能适应当时已有的标准集装箱和货盘。同时使首次采用两人驾驶制的宽体飞机B767在设计上力求保持与B757有更多的共同性。飞机研制采用了国际合作方式,波音公司主要承担飞机最后总装,日本三菱、川崎和富士重工及意大利阿莱尼亚公司也参与了研制并各承担研制费和制作工作量的15%。截至2002年5月,已有近900架B767飞机交付给世界大约60家航空公司。

图15-1　B767家族

1985年5月,美国联邦航空局(FAA)批准,B767在远程飞行中距离备降机场最多可达120分钟飞行时间,即120分钟ETOPS(双发延程飞行)。1989年3月,又被FAA批准180分钟ETOPS。

(二)B767飞机主要型号

1. B767-100型

B767-100是早期型,准备直接与空客310竞争,由于无订货未投产。

2. B767-200型

B767-200是基本型,最初生产的型号,于1981年9月首飞,1982年8月交由美国联合航空投入运营。

图 15-2　快达航空 B767-200

3. B767-200ER 型

B767-200ER 是 B767-200 型的加大航程型,在 B767-200 型的基础上增加了载油量和最大起飞重量,1984 年 5 月 30 日首飞。

图 15-3　中国国际航空 B767-200ER

4. B767-300 型

B767-300 是 B767-200 型的加长型,日本航空公司是启动用户,于 1983 年 9 月开始研制生产。这种机型比 B767-200 加长了 6.43 米,载客能力增长了 20%,货舱容积也增长了 31%。加强了机身中段和起落架,1986 年 1 月 30 日首飞,1986 年 9 月

图 15-4　马丁航空 B767-300

开始交付使用。

5. B767-300ER 型

B767-300ER 是 B767-300 型的加大航程型,美利坚航空订购 15 架,成为该型号启动用户,在 B767-300 型基础上增加了中央翼油箱,提高了最大起飞重量,增加了航程,1988 年开始投入使用。

图 15-5　全日空 B767-300ER

6. B767-300F 型

B767-300F 是货机型,1993 年美国联合包裹公司(UPS)订购 60 架,启动了该型号的研制生产,该型号主舱货柜容量为 336.5 立方米,底层货舱为 117.5 立方米,在满载 50 吨货物的时候可飞行 6 000 公里。1995 年 6 月首飞,同年 10 月交付美国联合包裹公司投入运营。

图 15-6　B767-300F

7. B767-400ER 型

B767-400ER 在 B767-300 型基础上机身加长 6.4 米,气动方面做了改进,增大了翼展和最大起飞重量,并采用了全新的主起落架。首架于 1999 年 8 月 26 日出厂,2000 年 5 月投入使用。

图 15-7　达美航空 B767-400ER

二、B767-300 基本数据

翼展:47.57 米

机长:54.94 米

标准经济布局载客量:269 人

货舱容积:107 立方米

最大燃油容量:90 916 升

最大商载:25 吨

最大起飞总重:187 吨

最大载重航程:5 150 公里

最大油量航程:11 393 公里

动力装置:两台涡扇发动机

可选发动机型号:

　普拉特—惠特尼公司 4000 系列:PW4000(最大推力:63 300 磅)

　罗尔斯—罗伊斯公司 RB211 系列:RB211-514G/H(最大推力:60 600 磅)

　通用电气公司 CF6-80 系列:CF6-80C2(最大推力:62 100 磅)

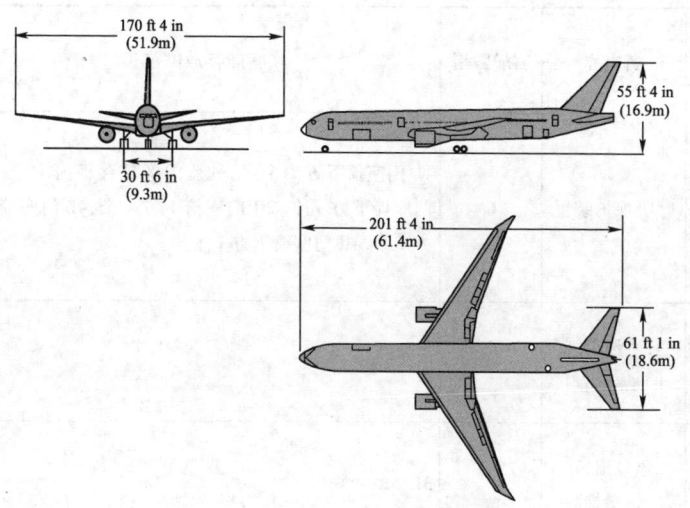

图 15-8　B767-300 三视图

第二节　应急设备的分布

一、应急设备分布位置

表 15-1　应急设备分布位置

图标	名称	客舱数量	客舱存放位置	驾驶舱数量
	HALON 灭火器	3	驾驶舱门旁储存柜内;第 9 排 C、D、E 座椅背后储存柜内,4L 门旁	1
	水剂灭火器	3	1L 门乘务员座椅旁;第 9 排 C、D、E 座椅背后储存柜内,4R 门乘务员座椅旁	

续表

图标	名称	客舱数量	客舱存放位置	驾驶舱数量
	呼吸保护装置	6	1L门座椅下方1个:驾驶舱门旁储存柜内1个,2L门座椅下方1个,2R门座椅下方1个,4L门座椅下方1个,4R门座椅下方1个	1
	装有逃离绳的紧急出口			2
	紧急出口带滑梯	2	3L、3R	
	紧急出口带滑梯/救生船	6	1L、1R、2L、2R、4L、4R	
	应急电筒	12	每个乘务员座椅上方(3L、3R门旁乘务员座椅下方)各1个	
	应急斧			1
	防烟镜			4
	机组救生衣	12	每位乘务员头垫内(3L、3R门旁乘务员座椅下方)	4
	旅客救生衣	263	每个乘客座椅下方1个,头等舱在中间座椅扶手下方各2个	
	麦克风	2	驾驶舱门口旁储存柜内1个,42A、42B行李架1个	

续表

图标	名称	客舱数量	客舱存放位置	驾驶舱数量
	便携式氧气瓶	10	驾驶舱门口储存柜内:9C、9D、9E 座椅背后储存柜内,3L 门乘务员座椅旁,42A、42B 座椅背后储存柜内,42C、42D、42E 座椅背后储存柜内	
	应急医疗箱	1	1A、1B 行李架上	
	急救箱	4	驾驶舱门口储存柜内,9A、9B 行李架上,42A、42B 座椅背后储存柜内,42F、42G 座椅背后储存柜内各 1 个	
	信标机	1	42C、42D、42E 座椅背后储存柜内	
	加长安全带	6	9F、9G 行李架上(集成包装)	
	婴儿/儿童救生衣	10	9F、9G 行李架上(集成包装)	
	演示包	8	1L/R、2L/R、3L/R、4L/R 乘务员座位下方	
	生化隔离包	1	客舱右侧第一个行李架内	

二、分布图

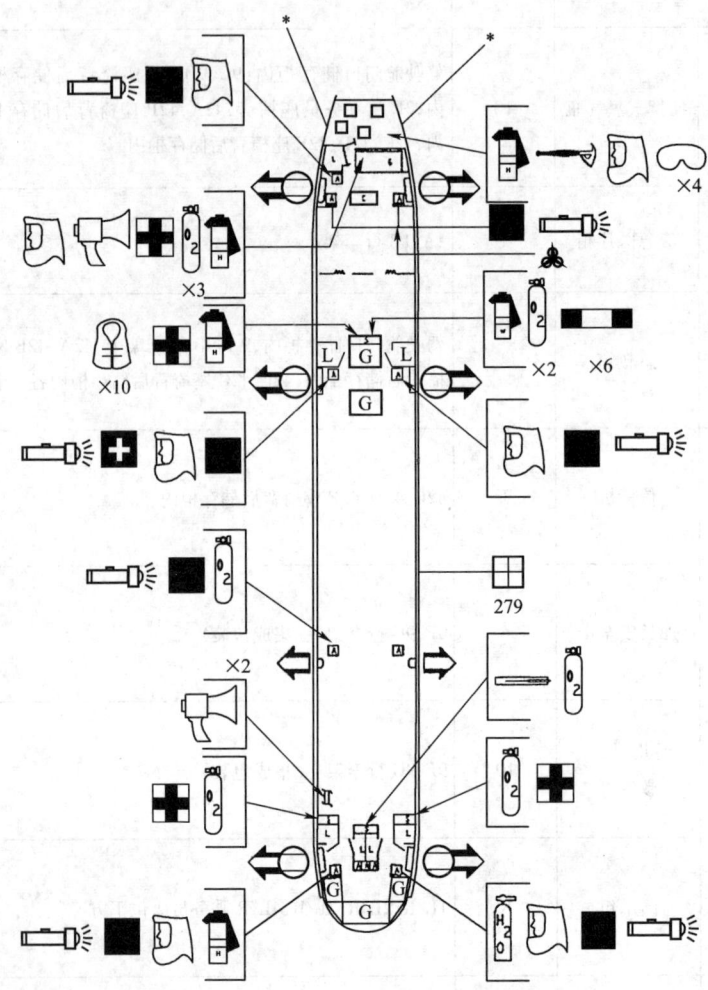

图 15-9　B767 应急设备分布图

第十五章　B767 客机

第三节　出口设置及操作

一、出口设置

(一) 机门

该机型有 6 扇机门，分别分布在 1L、1R、2L、2R、4L、4R，在每个机门处安放有双通道滑梯/救生船，1L、1R、4L、4R 救生船的载客量 58 人，最大载客量 78 人。2L、2R 救生船的载客量 30 人，最大载客量 37 人。

(二) 应急出口

两个应急出口分别位于客舱左、右侧第 29 排处。

(三) 驾驶舱出口

驾驶舱两边窗口可作为应急出口。

二、出口正常操作

(一) 滑梯待命

(1) 在按下待命(预位)手柄释放按钮的同时，将待命(预位)手柄向上推到滑梯待命(预位)的位置。

(2) 观察待命(预位)显示牌和 GIRT BAR 锁住显示牌全部显示黄色。

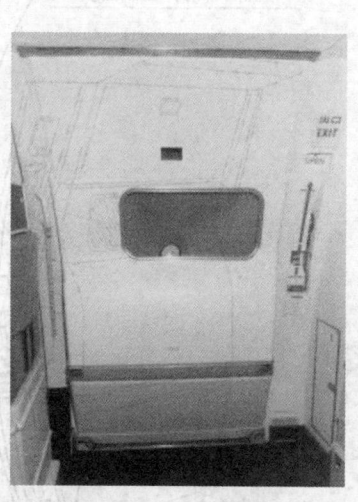

图 15-10　机门实物图

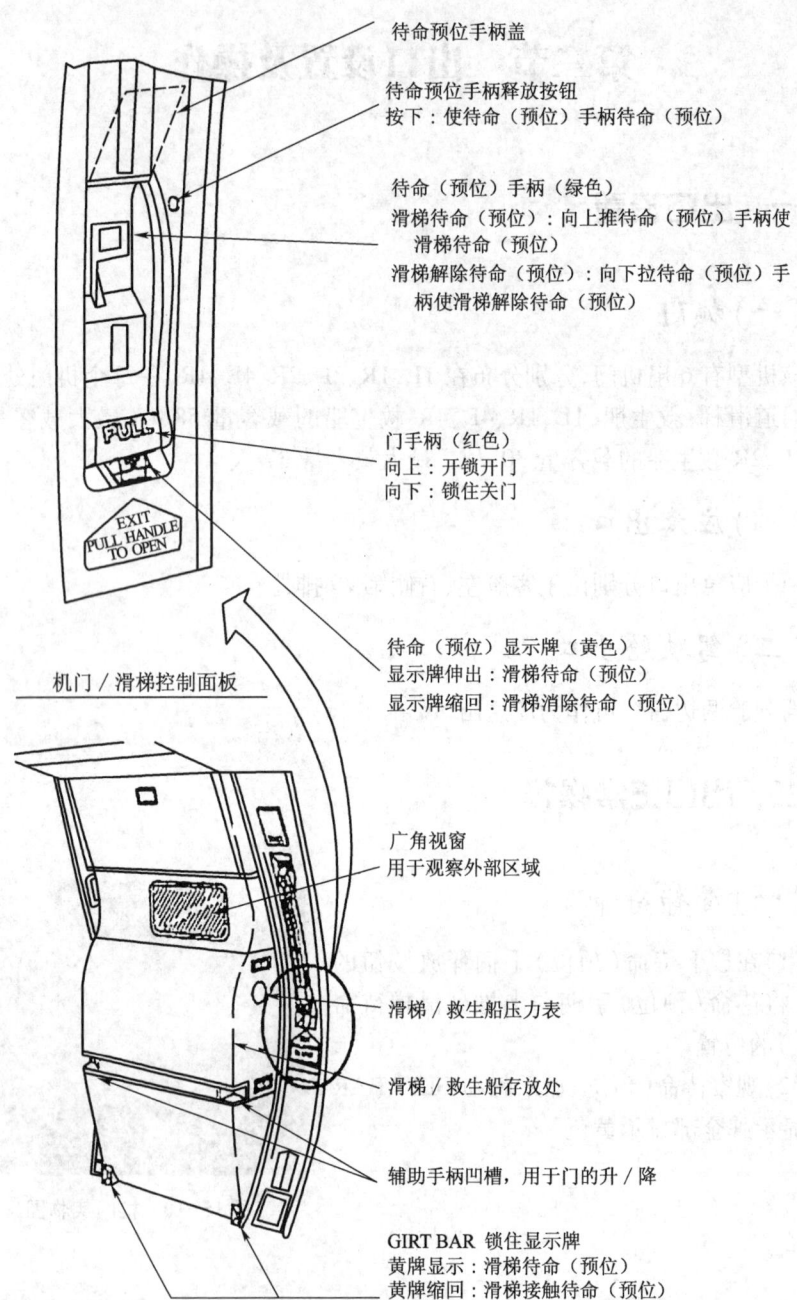

图 15-11 机门结构示意图

(二)打开机门

1. 人工打开机门(所有机门)

(1)上提开门手柄至开位,门首先向里移动。
(2)两手握住门上的辅助手柄凹槽向上抬门,门即开始向上移动至天花板内。
(3)门框上部有一个防风锁,能将门锁住,使门一直保持开启状态。

2. 电动打开机门(仅限 1L、2L 门)

(1)确认滑梯处于非待命(预位)状态。
(2)上提开门手柄至开位,门即向内移动。
(3)持续按住乘务员面板旁的电动开门键,直至机门向上完全收起。
(4)门框上的防风锁将门自动锁住。

3. 从外部打开机门(电动)

(1)按下机门外部操作手柄上的 PRESS,使内部滑梯待命(预位)系统解除待命(预位)。
(2)抓住外部操作手柄上提至开位。
(3)持续向上扳动开关电门,直至机门完全打开。

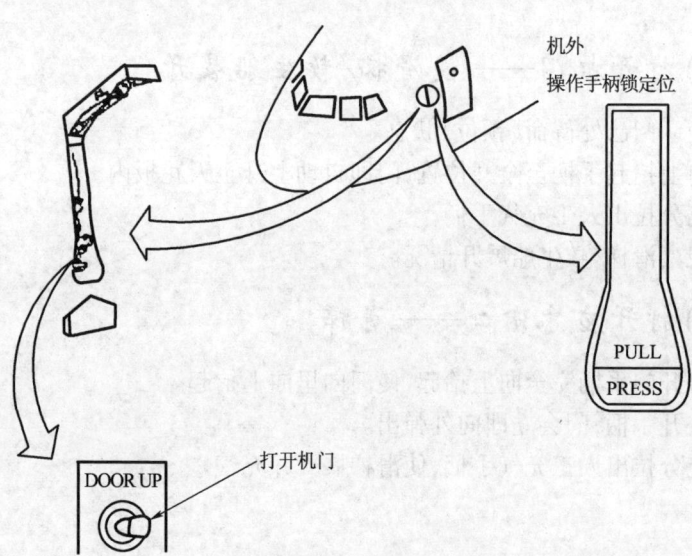

图 15-12 机外操作手柄

(三) 关闭机门

1. 人工关闭机门 (所有机门)

(1) 轻轻抬着门,按下门框上的防风锁,降低门大约 5 厘米,松开防风锁,继续降低门。
(2) 应站得离手柄远些,因为手柄会随着门的降低而移动。
(3) 压下机门操作手柄,使机门与舱壁齐平。

2. 电动关闭机门 (仅限 1L、2L 门)

(1) 持续按住乘务员面板旁的电动关门键,直至机门完全降至地板处。
(2) 压下机门操作手柄,使机门与舱壁齐平。

3. 从外部关闭机门 (电动)

(1) 轻抬门底,按下门框上的防风锁,降低门大约 5 厘米,松开防风锁。
(2) 持续向下扳动开关电门,直至机门完全降至地板上。
(3) 向下按压机门外部操作手柄,至锁定位。

三、出口应急操作

(一) 打开机门——使滑梯/救生船展开

(1) 确认门已处待命(预位)状态。
(2) 向上抬起手柄至全开位置,门即自动上升至天花板内。
(3) 充分拉出人工充气手柄。
(4) 观察滑梯/救生船展开情况。

(二) 打开应急出口——滑梯

(1) 将开门手柄完全向上抬起,使门向里向上抬起。
(2) 松开手柄,门会立即向外弹出。
(3) 充分拉出人工充气手柄,使滑梯展开并充气。

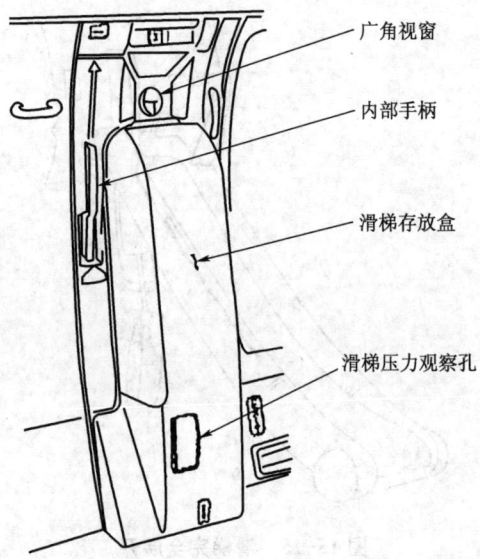

图 15-13　应急出口门

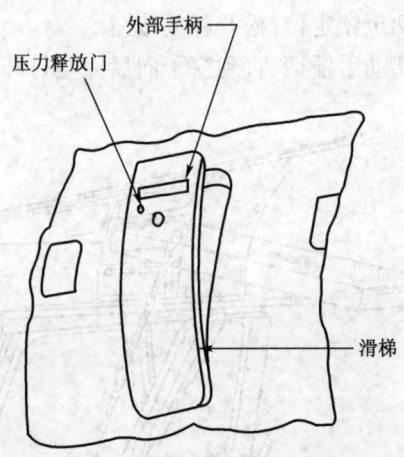

图 15-14　开门时情景

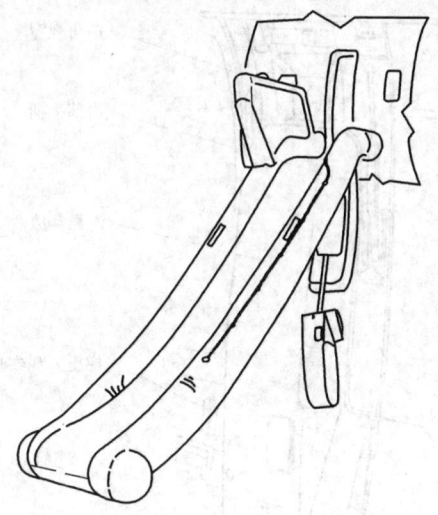

图 15-15 滑梯完全展开

(三)开启驾驶舱应急窗口

(1)按下手柄上的释放按钮。
(2)向后拉动手柄至锁定位,松开释放按钮。
(3)向箭头方向摇动手摇柄,直到窗子向后完全打开。

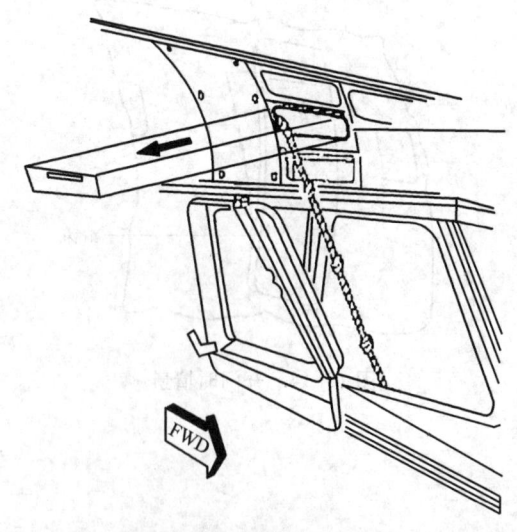

图 15-16 驾驶舱应急窗口

第四节 释放滑梯/救生船及客舱通信系统

一、释放滑梯/救生船

(1)掀开 GIRT BAR 上的盖布,使白色的分离手柄暴露出来。
(2)拉动分离手柄,使滑梯从 GIRT BAR 上分离出来。
(3)割断系留绳,使滑梯脱离飞机。

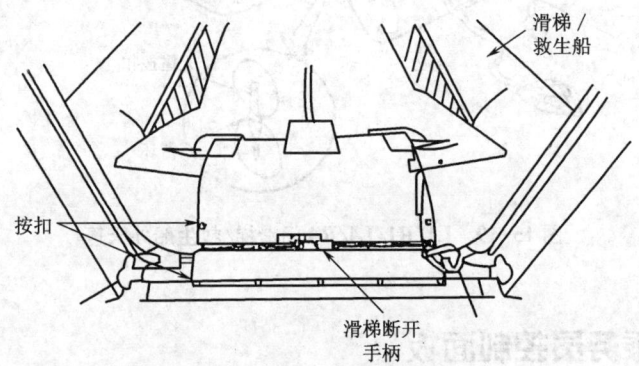

图 15-17 释放滑梯/救生船

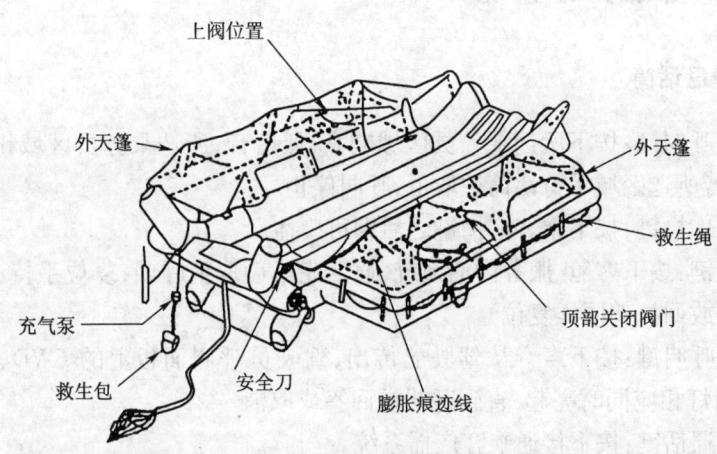

图 15-18 滑梯/救生船设备

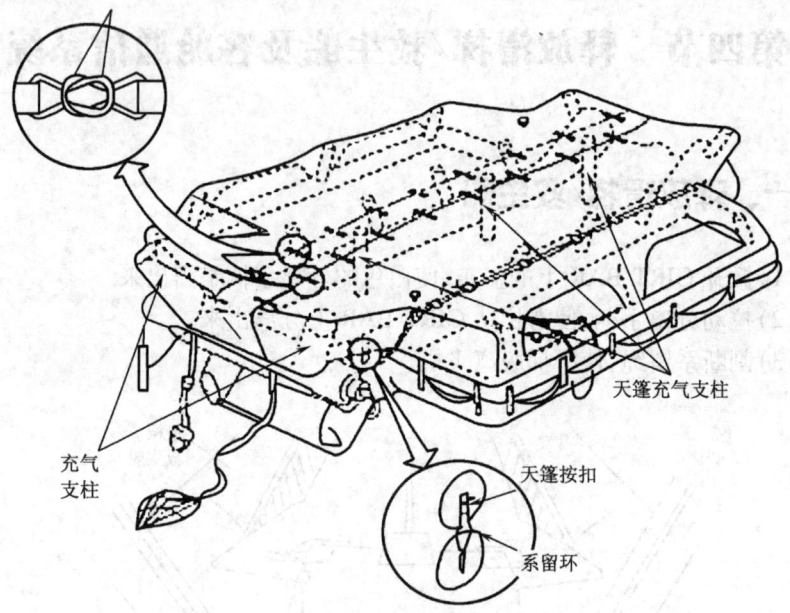

图 15-19 L1/R1/L4/R4 门滑梯/救生船外天篷

二、乘务员控制面板

（一）客舱广播系统

1. 键盘话筒

客舱呼叫键：按下所选乘务员区域响高/低谐音，所选乘务员区域粉红色呼叫灯亮，若所选区域手持话筒被取下，呼叫停止。

乘客广播键：按下乘客广播键之后即可广播。

复位键：按下客舱/服务内话系统，通话完毕后取消呼叫，复位手持话筒（将手持话筒放回托架同样复位）。

机长呼叫键：按下声音从驾驶舱传出，驾驶员呼叫面板上的 FWD、MID 或 AFT 呼叫灯相应同时亮起，直到呼叫被回答或取消。

按下通话键：按下接通乘客广播系统。

紧急呼叫键：按下机长警告呼叫灯亮，通过乘客广播系统响（3次）高/低谐音,所有乘务员区域粉红色呼叫灯亮。

2. 广播系统操作

(1)取下手持话筒;
(2)呼叫驾驶舱:按"PILOT"键,对着话筒讲话即可;
(3)呼叫乘务员:按"FWD"键或"MID"键或"AFT"键,呼叫"前""中""后"区域乘务员,对着话筒讲话即可;
(4)广播:按"PA"键,再按"PTT"送话键;
(5)紧急呼叫:按"ALET"键,客舱内出现连续三声高/低谐音,同时伴有灯光闪烁;
(6)按下"REST"键,取消呼叫提示灯光;
(7)挂好手持话筒,切断内话系统。

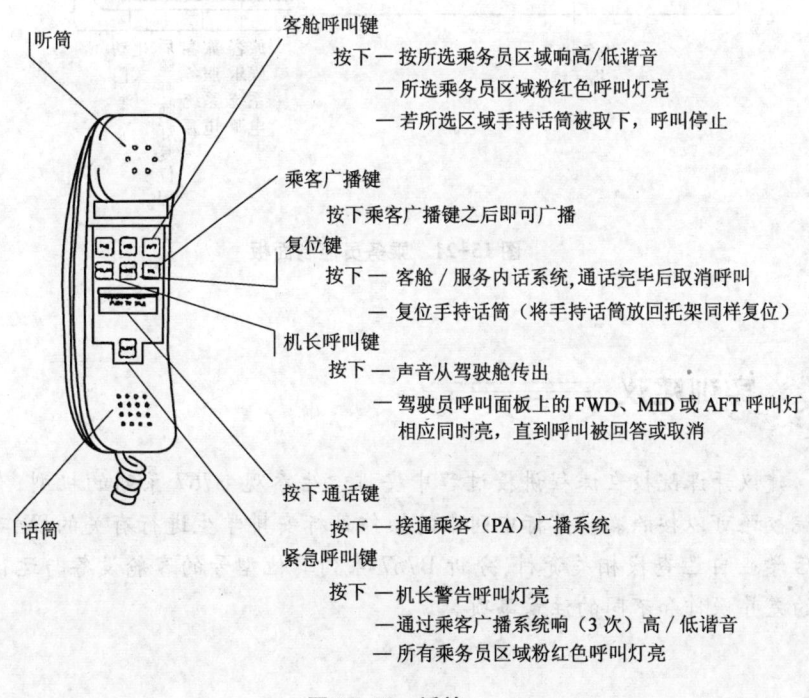

图 15-20 话筒

（二）乘务员控制面板

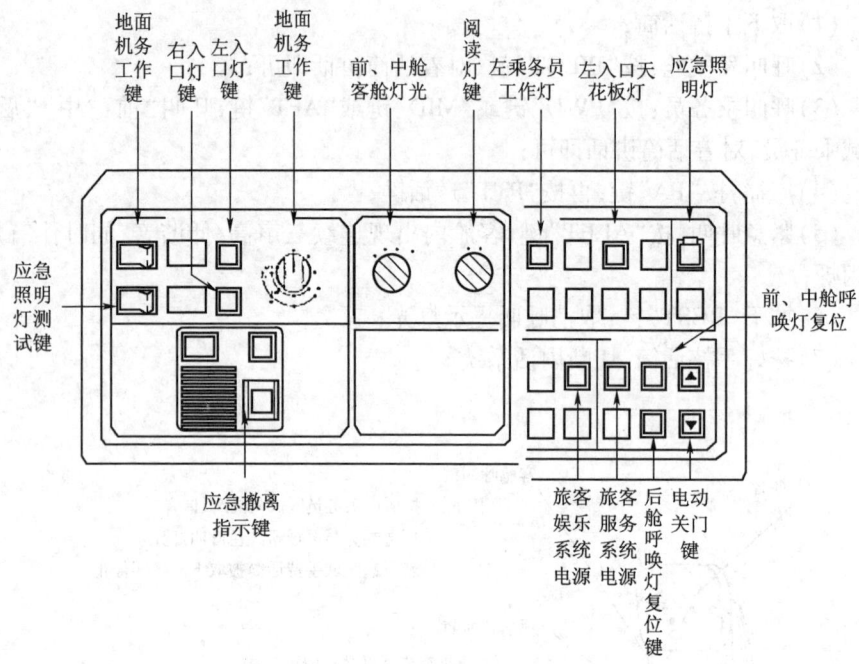

图 15-21　乘务员控制面板

建议开课院校在课程讲授过程中安排学生参观 B767 系列的机型，有条件的院校还可以按照教学目标中列出的操作目标安排学生进行有关的操作训练。课后学生自己查找相关资料，分析 B767 系列其他型号的客舱设备与运行管理中的差异操作和不同的注意事项。

本章主要以 B767-300 飞机为例介绍 B767 系列客机的客舱设备和运行，应

急设备的分布和使用方法,出口的分布以及正常和非正常状况下的操作方法,释放滑梯和救生船的程序和注意事项,客舱内乘务员控制面板,此外,还简单介绍了客舱通信系统和 CIDS 系统。

中国 2009—2016 年年末民用飞机架数统计(波音系列)

(单位:架)

	2016	2015	2014	2013	2012	2011	2010	2009
B787-8	26	26	20	14	0	0	0	0
B777-300	0	0	29	16	11	4	0	0
B777-200	11	14	14	14	14	14	14	12
B767-300	9	9	9	11	13	15	18	19
B757-200	10	17	26	34	37	41	41	48
B747-400	4	4	4	4	4	5	4	4
B737-900	5	5	5	5	5	5	5	5
B737-800	977	855	706	608	493	424	371	310
B737-700	166	168	166	158	151	149	140	134
B737-300	4	9	20	34	62	79	94	105
B747-8	7	7						
B747-400F	12	12						
B747-200F	3	3						
B777F	26	26						
B777-300ER	49	36						
B757-200F	23	18						
B737-900ER	3	3						
B787-9	16	0						
B767F	4	0						
B737F	61	64						

第十六章 庞巴迪 CRJ 系列客机

> **● 课前导读 ●**
>
> 本章主要以 CRJ-200 飞机为例介绍庞巴迪 CRJ 系列客机的客舱设备和运行,应急设备的分布和使用方法,出口的分布以及正常和非正常状况下的操作方法。此外,还简单介绍了客舱通信系统和客舱内乘务员控制面板。
>
> **教学目标**
>
> 知识目标:熟悉 CRJ-200 客机应急设备和出口在飞机中的分布和使用方法;熟悉客舱内乘务员各个控制面板的使用方法;熟悉客舱通信系统。
>
> 技能目标:掌握 CRJ-200 客机应急设备使用方法,熟悉相关注意事项;熟悉正常和紧急状况下出口的正确操作方法;能熟练操作客舱乘务员控制面板。

第一节 CRJ 客机基本信息

一、CRJ 系列简介

(一) CRJ 系列发展历程

CRJ 系列是由庞巴迪宇航集团提供的民用支线喷气飞机,包括 50 座的 CRJ-100/200、70 座的 CRJ-700、90 座的 CRJ-900。庞巴迪也是目前唯一能提供 40 座到 90 座支线喷气飞机系列的公司。

1986年庞巴迪集团收购了加空宇航集团,为挑战者CL601改进型提供了动力和资金,从1987年开始研制,定名为地区喷气,后改名为加空RJ,现已进一步简化为CRJ。

自1992年投入服务以来,CRJ系列在速度、经济性及乘客舒适性等各方面受到航空公司的好评,截至2000年9月,已获1 500多架的订单和订购意向,成为历史上最畅销的支线喷气飞机。CRJ系列在大飞机难以赢利的航线上具有极其独特的优越性,它不仅可用于扩大点对点的支线运输,还可用于增加从枢纽机场至周围区域的辐射式运输,同时还能使航空公司改善旅客服务并提高效益。

庞巴迪宇航集团一直在发展支线客机,在收购了多家支线飞机制造商后,逐渐形成了较完整的支线飞机系列,而这一点正是航空公司目前最看重的地方,同时,由于支线涡轮螺旋桨飞机逐渐退出民航舞台,而庞巴迪CRJ系列以其舒适性高、速度快及维护方便等优点,正好填补了市场上这一空缺,促成了庞巴迪在支线航空领域的垄断地位。

图16-1 CRJ200/700/900 涡扇支线飞机系列

(二)CRJ系列主要型号

1. CRJ-100型

原型机为挑战者CL601,在此基础上,机身加长6.10米,机翼部分做了较大改进。于1991年5月10日首飞,1992年获加拿大适航证书。1992年10月29日开始交付使用。1993年获欧、美适航证书。同时还在研制生产加大航程的RJ100ER和航程更大的RJ100LR。

图 16-2　美国科姆(Comair)航空 CRJ-100

图 16-3　CRJ-100 客机结构

2. CRJ-200 型

该机型于 1995 年推出,是目前的标准生产型,具体型别有 CRJ-200 标准型、加大航程的 CRJ-200ER 及航程更大的 CRJ-200LR,其航程可达 3 700 公里。1996 年 1 月 15 日开始交付使用。

图 16-4　美联航 CRJ-200ER

3. CRJ-700 型

70 座级支线喷气飞机,是在 CRJ-200 大受欢迎的基础上,为顺应市场要求更大承载能力支线客机的趋势,而推出的新型飞机。于 1997 年 1 月 21 日正式启动,1999 年 5 月 29 日首飞。在 2000 年 1 月 26 日开始交付给首家用户法国不列特航空公司(BRIT AIR)。

图 16-5　法国不列特航空 CRJ-700

4. CRJ-900 型

90 座级支线喷气飞机,为 CRJ-700 型的加长型,是 CRJ 系列中最大、最新的成员,于 2001 年 2 月 21 日首飞,2003 年 1 月 30 日交付首位用户美国梅萨航空集团(Mesa Air Group)。

图 16-6　CRJ-900

二、CRJ-200 基本数据

表 16-1 CRJ-200 基本数据

项　目	CRJ-200
翼展(米)	21.21
机长(米)	26.77
机高(米)	6.22
标准两级客舱布局载客(人)	50
货舱容积(立方米)	8.89
商载(吨)	5.4
空机重(吨)	13.7
最大油箱容量(升)	5 300
最大起飞总重(吨)	21.5
最大巡航速度	860 公里/小时
航程(公里)	1 825
动力装置	两台涡扇发动机
发动机型号	通用电气公司的 CF34 系列涡轮风扇发动机 CF34-3B1

第二节　应急设备的分布

一、应急设备分布位置

表 16-2　应急设备分布位置

图标	名称	客舱数量	客舱存放位置	驾驶舱数量
	HALON 灭火器	2	1L 门左侧处储存柜内 1 个，后乘务员座椅旁 1 个	1
	呼吸保护装置	2	1L 门左侧处储存柜内 1 个，第 13 排 A、C 座椅背后 1 个	1
	烟雾探测器		卫生间内	
	自动灭火装置		卫生间内	
	装有逃离绳的应急出口	2	左右应急出口各一根	1
	无充气滑梯应急出口	4	前登机门和前勤务门各 1 个，翼上应急出口各 1 个	
	应急电筒	2	前乘务员座位下方、后乘务员座椅旁各 1 个	2
	应急斧			1

续表

图标	名称	客舱数量	客舱存放位置	驾驶舱数量
	机组救生衣	3	前乘务员座椅下方1个，第13排A、C座椅背后各1个	3
	旅客救生衣	50	每个乘客座椅下方	
	有加长安全带的座位	2	倒数第二排的C、D座位	
	麦克风	1	1L门左侧处储存柜内	
	便携式氧气瓶	2	1L门左侧处储存柜内	
	应急医疗箱	1	1A、1C座行李架上	
	急救箱	1	1L门左侧应急设备储存柜内	
	演示包	1	1A、1C行李架	
	加长安全带	2	1A、1C行李架上（集成包装）	
	婴儿/儿童救生衣	2	1A、1C行李架上两件（集成包装）	

二、分布图

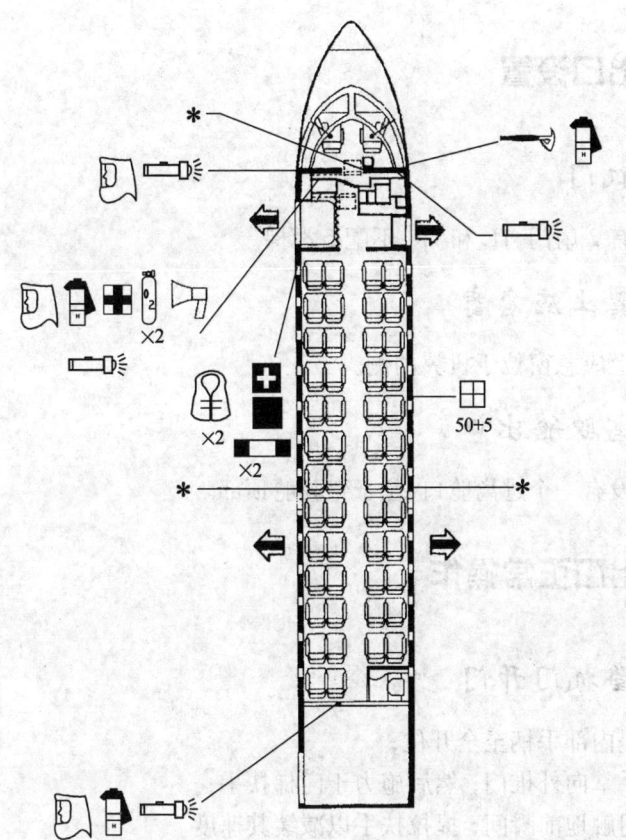

图 16-7　CRJ 客机应急设备分布图

第三节　出口设置及操作

一、出口设置

(一) 机门

该机型有 2 扇门,1L 和 1R,不配备滑梯。

(二) 翼上应急窗

两个翼上应急窗位于机翼两侧。

(三) 驾驶舱出口

驾驶舱设有一个逃离舱口,位于驾驶舱顶部。

二、出口正常操作

(一) 登机门开门

(1) 上提内部手柄至全开位;
(2) 用手掌向外推门,然后施力于门梯扶手;
(3) 在门触地前瞬间,提拉扶手以减缓其速度。

(二) 登机门关门

(1) 使用前舱乘务员控制面板上的 DOOR ASSIST CLOSE 电门,抬起塑料护盖,按压电门,操作过程中切勿松开电门按钮;
(2) 握住门槽,用力向内拉门;
(3) 下压内部手柄至全关位;
(4) 向内拉进收起旋钮,可听到外部手柄收起声;
(5) 向外按压收起旋钮,检查门锁指示,看到一个绿色的"LOCKED"锁定指示;
(6) 目视检查 6 个锁片和 2 个旋转门锁处的绿色标示是否对齐。

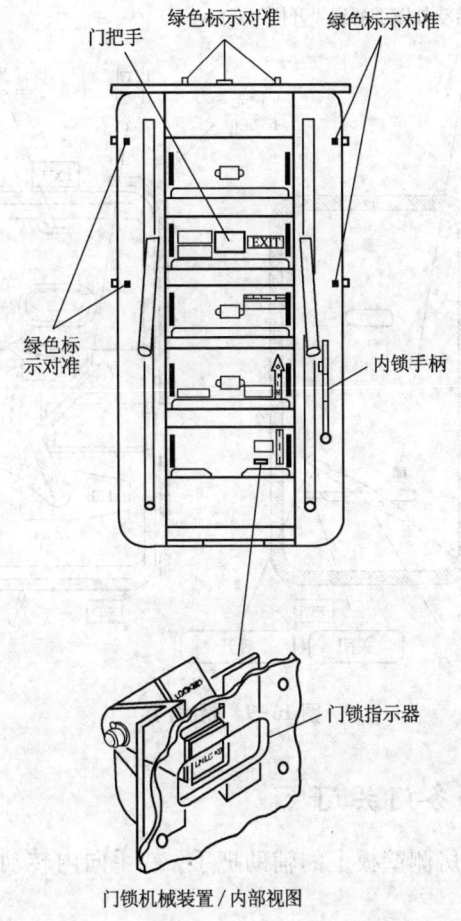

图 16-8 门锁

(三)厨房勤务门开门

(1)左手抓住舱门顶部的辅助把手,右手沿顺时针方向,将内部手柄转至"全开"位;

(2)抓住拉于厨房侧壁板上的辅助手柄,右手置于舱门边侧;

(3)向外、向前推开舱门直至锁定位。

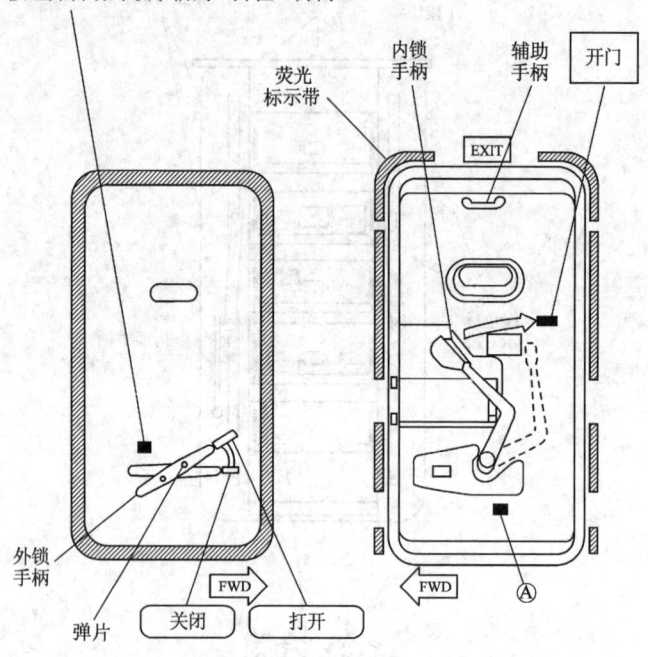

图 16-9 厨房门

（四）厨房勤务门关门

（1）左手抓住厨房侧壁板上的辅助把手，右手向内转动黑色手柄，使舱门开锁，离开机身；

（2）抓住门顶部的辅助手柄，并向内拉进舱门；

（3）右手沿逆时针方向，旋转内锁手柄至"全关"位；

（4）向内拉内部锁闩把手，可将外锁手柄收回舱门凹槽内；

（5）推手柄至收藏位；

（6）目视检查位于内锁手柄下方指示窗中的绿色对准标志；检查舱门是否锁定。

三、出口应急操作

（一）打开机门

（1）确认机门在待命状态；

(2)充分向上提起门把手然后松开；
(3)机门气动开启；
(4)充分拉出人工充气把手。

(二)打开厨房勤务门

与正常操作相同。

(三)打开应急窗

(1)取下护盖(见下图①)；
(2)一手握住打开手柄，另一只手抓住应急窗下部的手柄(见下图②)；
(3)向下拉动手柄，将窗向内卸下(见下图③)；
(4)举起并将出口门侧倒(见下图④)；
(5)将出口门朝机翼后侧方向扔出(见下图⑤)；
(6)拉出窗边的逃离绳，将其连接在机翼上；
(7)沿机翼前边缘滑下，撤离。

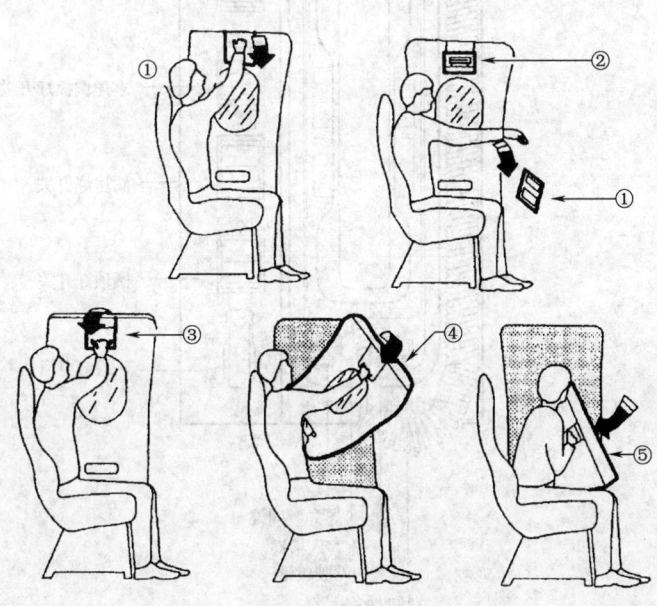

图 16-10 应急窗

第四节 乘务员控制面板

一、前乘务员控制面板

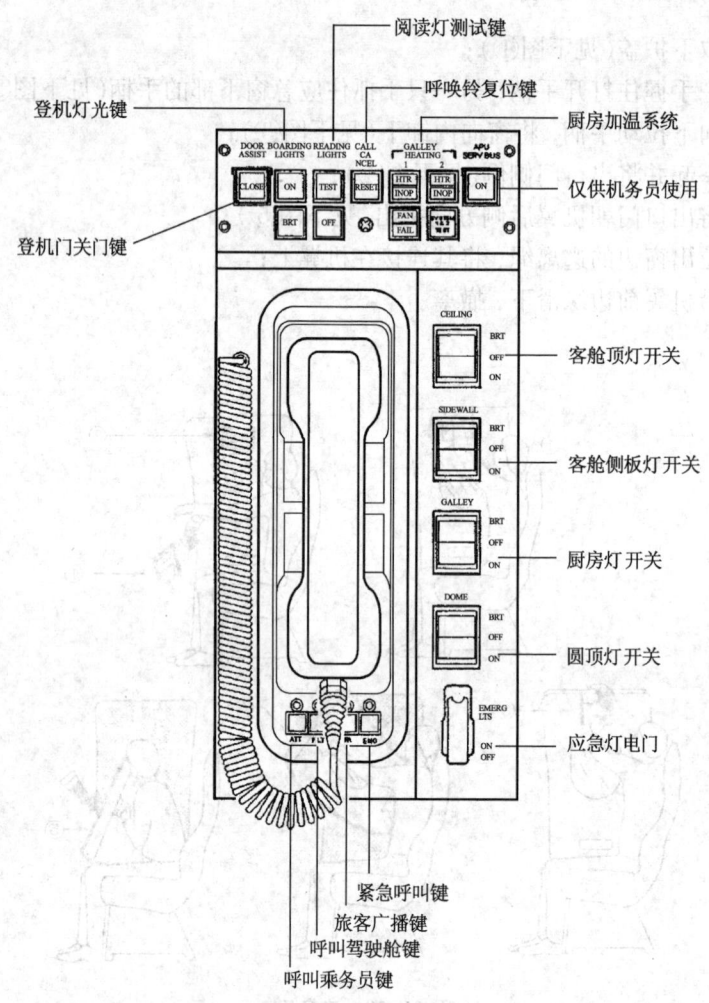

图 16-11 前乘务员控制面板

二、内话、广播系统

(1)取下手持话筒;
(2)呼叫驾驶舱:按下"FLT"键,前后乘务员面板上绿色指示灯亮,对着话筒讲话即可;
(3)呼叫乘务员:按下"ATT"键,前后乘务员面板上绿色指示灯亮,对着话筒讲话即可;
(4)广播:按"PA"键,前后乘务员面板上绿色指示灯亮,按住话机上的"PTT"键即可广播;
(5)紧急呼叫:按"EMG"键,前后乘务员面板上绿色指示灯亮;
(6)挂好手持话筒,切断内话系统。

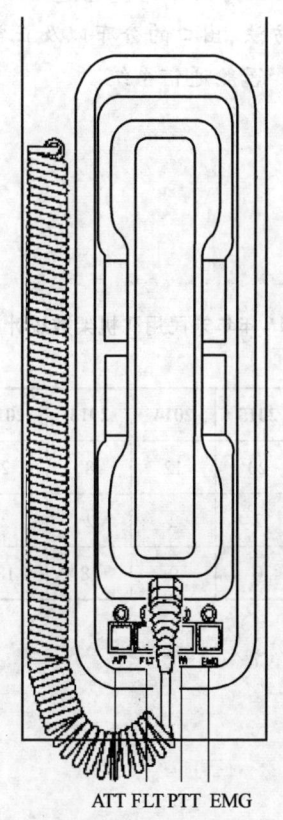

图 16-12 话筒

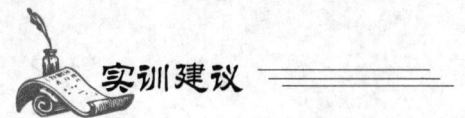

建议开课院校在课程讲授过程中安排学生参观庞巴迪CRJ系列的机型,有条件的院校还可以按照教学目标中列出的操作目标安排学生进行有关的操作训练。课后学生自己查找相关资料,分析庞巴迪CRJ系列其他型号的客舱设备与运行管理中的操作差异和不同的注意事项。

本章主要以CRJ-200飞机为例介绍庞巴迪CRJ系列客机的客舱设备和运行,应急设备的分布和使用方法,出口的分布以及正常和非正常状况下的操作方法,客舱内乘务员控制面板和客舱通信系统。

中国2009—2016年年末民用飞机架数统计(庞巴迪系列)

(单位:架)

	2016	2015	2014	2013	2012	2011	2010	2009
CRJ-900	26	20	12	8	2	0	0	0
CRJ-700	2	2	2	2	2	2	2	2
CRJ-200	0	0	9	18	18	18	19	18

第十七章 ARJ21 支线飞机

> **课前导读**
>
> 本章主要介绍 ARJ21 支线飞机的特点和研发历程，以及该系列四种机型的基本情况。
>
> **教学目标**
>
> 知识目标：了解 ARJ21 的技术特点。
> 技能目标：重点掌握 ARJ21 各机型的客舱布局情况。

第一节 ARJ21 机型简介

ARJ21 翔凤客机，科研代号 ARJ21（全称为"Advanced Regional Jet"即"21世纪新一代支线喷气机"），是由中国商用飞机有限责任公司研制的新型涡扇支线飞机，也为中国第一次完全自主设计并制造的支线飞机。"翔凤"一名通过公开征集而得。

ARJ21 民用客机采用"异地设计、异地制造"的全新运作机制和管理模式。机体各部分分别在国内四家飞机制造厂生产。ARJ21 项目研制采用国际通用的"主制造商-供应商"模式，引进了大量国际成熟先进技术和机载系统，发动机、航电、电源等系统全部通过竞标在全球范围内采购，选用了 GE 通用电气公司的 CF34-10A 支线喷气发动机、洛克韦尔柯林斯公司（Rockwell Collins）的航电系统和霍尼威尔公司（Honeywell）的主飞行控制系统。此外还有许多系统零部件、产品在中国生产制造。

ARJ21 飞机是 70~90 座级的中、短航程涡扇发动机新支线飞机，拥有基本型、加长型、货机和公务机四种容量不同的机型。

第二节 ARJ21 技术特点

一、适应性

我国西部地区具有机场条件相对简陋、航线上障碍物多、高原高温的使用环境较普遍等特点。这些特点既要求飞机有过硬的起飞和爬升性能，在不减载的情况下能在较短距离内起落，又要保证飞机能在较为恶劣的气候环境中运营，并对飞机的单发升限等性能提出了很高的要求。

ARJ21 飞机的设计以未来西部交通枢纽格尔木机场和旅游热点九寨黄龙机场为临界条件，并用西部地区所有运营航线严格验证飞机的航线适应性，以保证在实现经济效益的条件下满足西部的复杂地形和高原高温特殊使用环境的要求。

ARJ21 是世界上第一架完全按照中国自己的自然环境来建立设计标准的飞机，在西部航线和机场适应性上具有很强的优势。

图 17-1　ARJ21

二、舒适性

ARJ21 拥有同类支线飞机中最宽敞的客舱，宽度达到 123.7 英寸（3.14 米），采用公务舱排距 38 英寸、经济舱排距 32 英寸的宽松布置。而在客舱的内装饰和服务设备方面，综合考虑线条、颜色、图案、照明和实用等因素，边座/侧壁大间距、宽过道、高天花板和低噪声的客舱布置，以及符合工程心理学原理的细节设计、前卫宜人的美学设计更保证乘客获得最大限度的舒适感。舒适程度比一般支线飞机要高，这意味着乘客乘坐 ARJ21 从中小城市前往枢纽城市，再转大飞机时，感受是完全相同的。基本型和加长型分别拥有 17.7 立方米和 20.9 立方米的下货舱，

图 17-2　ARJ21 客舱

货舱高度接近1米。人均0.06平方米至0.07平方米的行李舱位,相当于150座干线飞机标准。

图17-3 主客舱侧壁板

图17-4 客舱旅客服务装置

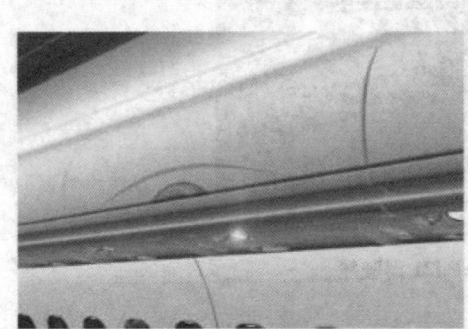

图17-5 行李箱效果图

图17-6 防劫机门及部件

三、经济性

经济性是商用飞机市场成败的关键因素。故而在ARJ21飞机设计之初就对其经济性格外关注,对全寿命成本(LCC)进行严格控制。多专业综合优化设计的超临界机翼、低油耗涡扇发动机的采用,提高了商载和航程能力,降低了飞机的直接使用成本;采用长寿命结构设计,提高飞机的可靠性、维修性,从而减少维护费用,降低全寿命成本;运用以IT技术为代表的先进研发手段及与国际接轨的生产管理和质保体系，在很大程度上降低了 ARJ21 飞机的研制和生产成本。ARJ21 还采用超临界机翼和一体化设计的翼梢小翼以获得较高的巡航升阻比，从而降低巡航阻力，达到了和大型飞机相同的速度。增升装置使 ARJ21 飞机具备优异的低速性能；应用超临界翼型使机翼的相对厚度增大，从而减轻机翼结构重量和加大机翼油箱容量。

四、共通性

ARJ21 飞机的设计注重与 150 座级干线飞机保持最大限度的共通性。不仅体现在相近的飞行性能、同等的客舱舒适性上，在驾驶舱人机界面、维护人机界面和相应操作程序方面尤为突出，从而降低航空公司飞行员换装培训成本，提高飞机调配使用的灵活性。

图 17-7　ARJ21 驾驶舱

在驾驶舱人机界面、维护人机界面和相应操作程序方面尽量保持共通性，采用两人体制，航电系统采用总线技术、LCD 平板显示并综合化。驾驶舱飞行控制系统为电信号控制、液压或机电作动的电飞行控制系统，减轻了飞行机组的工作负荷。

第三节　ARJ21 研发历程

2000 年 11 月，国防科工委在珠海航展期间发布《中国民用飞机发展报告》，宣布中国将按照国际适航标准研制具有自主知识产权的新型涡扇支线飞机，组建按市场规则运作的新支线飞机项目公司——中航商飞公司,负责研制和发展中国新型涡扇支线飞机。

2002年4月,经国务院批准,中国新型涡扇支线飞机项目正式立项。同年10月,中航商飞公司正式注册成立以负责运作ARJ21项目。

2002年11月,中航商飞公司与美国通用电气航空发动机公司在珠海签订合作意向书,选择CF34-10A涡扇发动机作为ARJ21支线客机的动力装置。

2003年6月,西安飞机设计研究所与上海飞机设计研究所合并,整合组建第一飞机设计研究院,负责ARJ21飞机的研制工作。同年9月,ARJ21飞机首次型号合格审查委员会会议在上海召开。

2003年11月,国防科工委在上海主持召开《新支线飞机项目预发展阶段评审会》,ARJ21飞机项目基本完成预发展阶段研制任务,转入工程发展阶段。

2005年11月,中国民航总局成立ARJ21-700飞机型号合格审定领导小组。同年12月底,上海飞机设计研究所(640所)完成全部飞机结构图纸的发放。次年1月,完成全部飞机系统图纸的发放。

2006年5月,国防科工委组织召开"新支线飞机项目由详细设计阶段转入全面试制阶段审查会议",同意ARJ21飞机项目转入全面试制阶段。同年7月,中国民航总局在上海成立ARJ21-700飞机型号合格审定审查组现场办公室。

2006年9月,ARJ21飞机首架前机身部件在中国一航西安飞机工业公司交付。当月,机翼加工最难点——13米长的机翼整体壁板的铆接和装配工作顺利完成。

2006年10月,中航商用飞机有限公司与上海电气租赁公司签订30架ARJ21-700支线客机的意向订购合同,使得ARJ21飞机的订货总数量达到71架。次月,ARJ21飞机航空电子系统综合试验在上海启动并获圆满成功,首架ARJ21飞机发动机吊挂则在沈阳飞机工业公司提前顺利交付。

2006年12月,中国一航商飞公司与法国SAGEM公司签订驾驶舱控制系统合作协议,至此,ARJ21飞机已经选定19家国际知名系统供应商。当月20日,ARJ21的机头在成都正式交货,ARJ21飞机客户支持中心也实现结构封顶。

2007年3月,首架ARJ21飞机机翼翼盒和中机身、飞机尾段先后在西安飞机工业公司、沈阳飞机工业公司交付。当月底,飞机总装、试验全面启动,首架试飞机在上海飞机制造厂总装正式开铆。5月,ARJ21飞机首架雷达罩在中国一航济南特种结构研究所交付。

2007年6月,ARJ21飞机首架试飞机在上海飞机制造厂正式进入全机对接阶段。9月,ARJ21飞机静力试验机完成总装。12月20日,ARJ21飞机首架试飞机按计划如期完成总装。

2007年12月21日,首架ARJ21-700飞机在上海飞机制造厂总装下线。

2008年8月,ARJ21-700进入试飞站,全面进行系统地面综合试验、全机结构地面试验和验证试飞。

图17-8　ARJ21-700首飞

2008年11月4日,在珠海航展上中国商飞公司与美国通用电气商务航空服务公司签署一份订购25架ARJ21-700(其中5架确认订单,20架意向订单)的购机协议。ARJ21支线飞机在其首飞之前即已获得国内外订单(含意向订单)206架。

2008年11月28日,首架ARJ21-700(101架)在上海大场机场首飞,飞行62分钟后降落,首飞成功。

2008年中国商用飞机有限责任公司成立后,该项目的控制权由中航商用飞机有限公司转至中国商用飞机有限责任公司。

2009年7月1日,第二架ARJ21-700(102架机)在上海大场机场首飞,飞行62分钟后降落,取得成功。

2009年7月15日,首架ARJ21-700(101架机)首次跨省市飞行,经过两个多小时1 300公里的长途飞行从上海飞抵西安阎良中国飞行试验研究院,开始进行科研试飞和适航取证试飞。

2009年9月12日,第三架ARJ21-700(103架机)在上海成功首飞,共飞行56分钟。

2014年12月30日,取得中国民用航空局型号合格证。

2016年6月28日,成都航空公司航班号为EU6679的ARJ21-700飞机搭载70名乘客从成都飞往上海,完成首次商业航线。

2016年12月7日,ARJ21-700飞机获得了刚果(布)颁发的型号接受证,是

ARJ21 首个国外适航当局颁发的型号接受证。

2017 年 2 月 8 日,ARJ21-700 飞机全球首次 C 检完工交付仪式在山东太古飞机工程有限责任公司举行,这标志着首架交付成都航空的 ARJ21-700 飞机的首次 C 检工作正式结束。这也是我国国产喷气飞机的第一次 C 检。

第四节　ARJ21-700 客机

一、ARJ21-700 机型简介

ARJ21-700 是 ARJ21 系列的基本型,其混合级布局 78 座、全经济级布局 90 座,由发展成熟的 CF34-10A 发动机提供动力。ARJ21-700 具有标准航程型(STD)和增大航程型(ER)两种构型:标准航程型的满客航程为 2225 km(1200 nm),主要用于满足从中心城市向周边中小城市辐射型航线的使用要求;增大航程型的满客航程为 3700 km(2000 nm),能满足"点对点"瘦长航线的使用要求。

图 17-9　ARJ21-700 客机

二、ARJ21-700 三视图

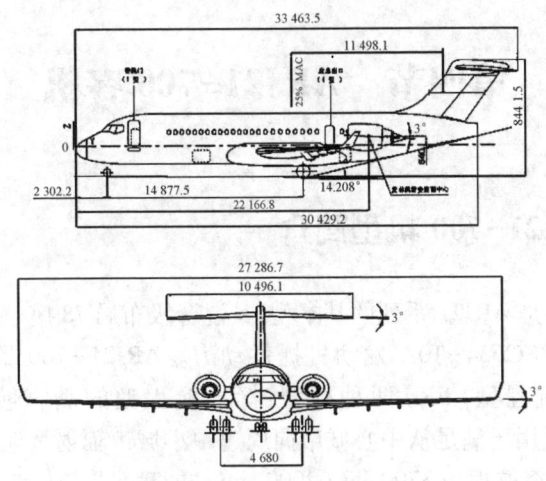

图 17-10　ARJ21-700 三视图

三、客舱布置

ARJ21 系列飞机客舱内部设施的布置采用模块化设计,通过客舱前后不同模块的组合,可灵活多变地满足不同航空公司对不同航线和不同乘客群体的营运要求,最大限度地利用客舱内部空间,并为旅客营造一个宽敞舒适的旅行环境。

客座数、排距、行李箱的布置,以及前后服务舱的厨房、盥洗室、储藏室和衣帽间的数量、规格和位置等均可按客户的要求进行合理配置,并提供娱乐设施、服务员座椅等设备的选装。

以下为混合级和全经济级的两种基本布置。

图 17-11　ARJ21-700 混合级(78 座)客舱布局图

图 17-12　ARJ21-700 全经济级(90 座)客舱布局图

双圆截面机身的采用，不仅使 ARJ21-700 在通道和座椅宽度、客舱高度及行李箱容积方面更具优势，达到了与干线飞机同等的客舱舒适性，而且增大了下货舱的高度和容积。

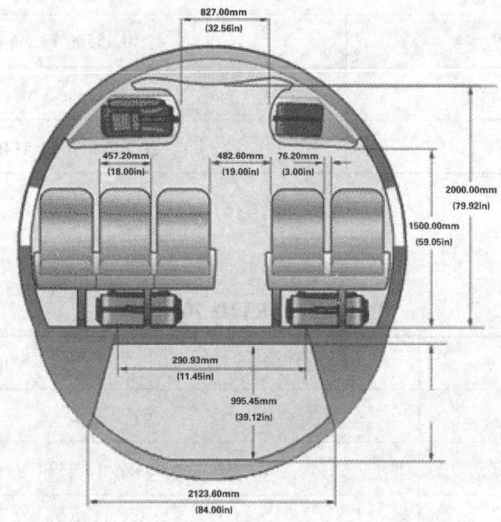

图 17-13　ARJ21 客机机身等直段截面图

四、基本数据

(一) 尺寸

表 17-1　ARJ21-700 尺寸

翼展	27.288m/89.528ft
机翼面积	$79.86m^2/859.61ft^2$
机翼后掠角(1/4 弦)	25°
全机长	33.464m/109.790ft
全机高	8.442m/27.697ft

续表

水平安定面展长	10.496m/34.436ft
主轮距	4.680m/15.354ft
前主轮距	14.878m/48.812ft
客舱最大宽度	3.143m/10.312ft
客舱高度	2.030m/6.660ft
通道宽度	0.483m/19in
座椅宽度	0.455m/17.9in
全经济级排距	0.813m/32in
货舱容积	20.145m^3/711.414ft^3

（二）性能

表17-2　ARJ21-700性能

	ARJ21-700STD	ARJ21-700ER
发动机	CF34-10A	
发动机推力（SLST）	6 954kg/15 332lb	
最大使用速度	330KCAS/0.82	
最大使用高度	11 900m/39 042ft	
单发失效升限（500nm TOW，ISA+10℃，1.1%爬升梯度，1.3g抖振裕量，防冰系统关闭）	6 200m/20 341ft	
起飞场长（SL,ISA,MTOW）	1 700m/5 577ft	1 900m/6 234ft
着陆场长（SL,ISA,MLW）	1 550m/5 085ft	1 650m/5 413ft
满客航程	2 225km/1 200nm	3 700km/2 000nm
全经济级客座数	90	

(三) 重量

表 17-3 ARJ21-700 重量

	ARJ21-700STD	ARJ21-700ER
最大滑跑重量	40 589kg/89 483lb	43 589kg/96 097lb
最大起飞重量	40 500kg/89 287lb	43 500kg/95 901lb
最大着陆重量	37 665kg/83 037lb	40 455kg/89 188lb
最大零油重量	33 890kg/74 715lb	
最大燃油重量	10 386kg/22 897lb	
使用空机重量	24 955kg/55 016lb	
最大商务载量	8 935kg/19 698lb	

第五节 ARJ21-900 客机

一、ARJ21-900 机型简介

ARJ21-900 是 ARJ21 系列的加长型，其混合级布局 98 座、全经济级布局 105 座，由发展成熟的 CF34-10A 发动机提供动力。ARJ21-900 具有标准航程型（STD）和增大航程型（ER）两种构型：标准航程型的满客航程为 2225 km（1200 nm），主要用于满足从中心城市向周边中小城市辐射型航线的使用要求；增大航程型的满客航程为 3334 km（1800 nm），能满足"点对点"瘦长航线的使用要求。

图 17-14 ARJ21-900

二、ARJ21-900 三视图

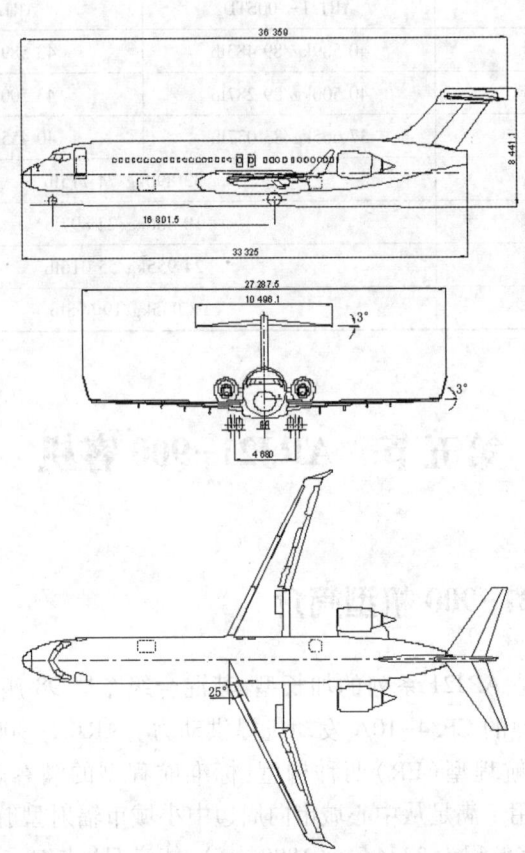

图 17-15　ARJ21-900 三视图

三、ARJ21-900 客舱布置

以下为混合级(98 座)和全经济级(105 座)的两种基本布置。

图 17-16　ARJ21-900 混合级客舱布局图

图 17-17　ARJ21-900 全经济级客舱布局图

四、ARJ21-900 基本数据

(一) 尺寸

表 17-4　ARJ21-900 尺寸

翼展	27.288m/89.528ft
机翼面积	79.86m^2/859.61ft^2
机翼后掠角(1/4 弦)	25°
全机长	36.359m/119.288ft
全机高	8.441m/27.694ft
水平安定面展长	10.496m/34.436ft
主轮距	4.680m/15.354ft
前主轮距	16.802m/55.125ft
客舱最大宽度	3.143m/10.312ft
客舱高度	2.030m/6.660ft
通道宽度	0.483m/19in
座椅宽度	0.455m/17.9in
全经济级排距	0.813m/32in
货舱容积	23.431m^3/827.458ft^3

(二)性能

表 17-5　ARJ21-900 性能

	ARJ21-900STD	ARJ21-900ER
发动机	CF34-10A	
发动机推力（SLST）	7 737kg/17 057lb	
最大使用速度	330KCAS/0.82	
最大使用高度	11 900m/39 042ft	
单发失效升限（500nm TOW，ISA+10℃，1.1%爬升梯度，1.3g抖振裕量，防冰系统关闭）	6 200m/20 341ft	
起飞场长（SL,ISA,MTOW）	1 750m/5 741ft	1 950m/6 398ft
着陆场长（SL,ISA,MLW）	1 600m/5 249ft	1 700m/5 577ft
满客航程	2 225km/1 200nm	3 334km/1 800nm
全经济级客座数	105	

(三)重量

表 17-6　ARJ21-900 重量

	ARJ21-900STD	ARJ21-900ER
最大滑跑重量	43 706kg/96 355lb	47 272kg/104 217lb
最大起飞重量	43 616kg/96 157lb	47 182kg/104 018lb
最大着陆重量	40 563kg/89 426lb	43 879kg/96 737lb
最大零油重量	37 516kg/82 709lb	38 016kg/83 811lb
最大燃油重量	10 386kg/22 897lb	10 886kg/23 999lb
使用空机重量	26 270kg/57 915lb	26 770kg/59 018lb
最大商务载量	11 246kg/24 793lb	

五、市场前景

从世界范围看,航空运输呈不断增长的趋势,导致航线和机场拥挤问题日益突出,由于新建或扩建机场都受到用地紧张、保护环境等因素的限制,使支线飞机研制出现大型化的趋势。随着国内支线航空运输的发展,航空公司出于对客源增长、运营经济性及调度灵活性的考虑,也形成了对100座级支线飞机的市场需求。ARJ21-900作为150座级主力干线飞机和小型支线飞机之间的衔接机种,其市场前景看好。

第六节 ARJ21B 公务机

一、ARJ21B 机型简介

ARJ21B是ARJ21系列的公务机型,为适应航空公务旅行需求快速增长的趋势而发展的。公务舱分设办公舱、随员舱、休息舱及专用舱,其布局充分体现了公务旅行的舒适性要求、航行途中的办公要求以及要员所需私密空间等特点。

图17-18 ARJ21B 公务机客舱

二、ARJ21B 三视图

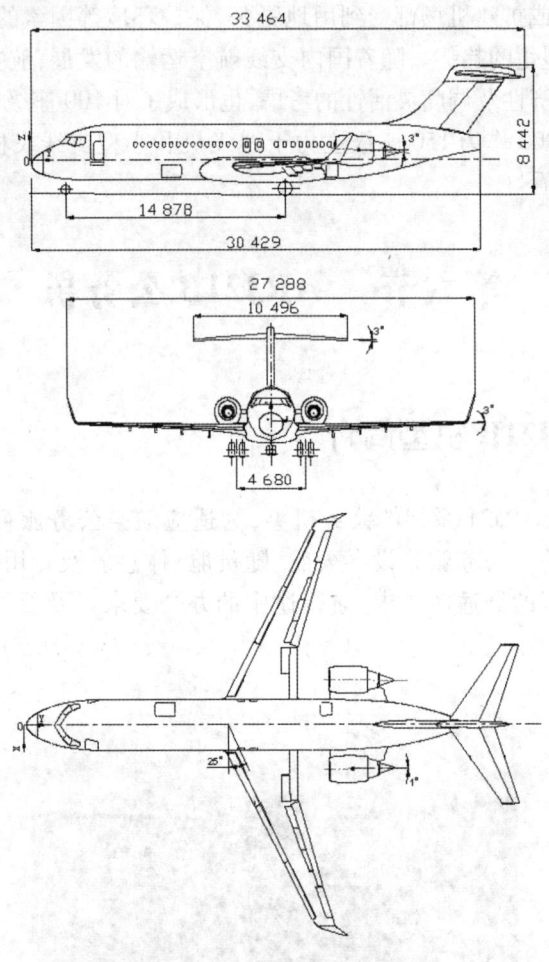

图 17-19　ARJ21B 三视图

三、ARJ21B 公务舱布置

ARJ21B 的公务舱布置充分考虑商务需求，分设办公舱、随员舱、休息舱及专用舱，并配置中央酒吧、洗手间、音响、DVD、卫星电话、上网端口等设施，乘客能有效利用空中飞行时间进行办公或休息。

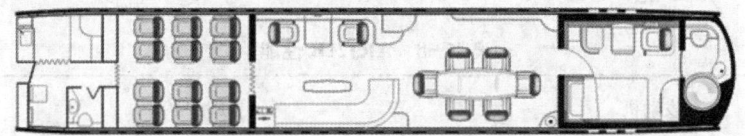

图 17-20　ARJ21B 公务舱布局

四、ARJ21B 基本数据

(一) 尺寸

表 17-7　ARJ21B 尺寸

翼展	27.288m /89.528ft
机翼面积	79.86m^2/859.61ft^2
机翼后掠角(1/4 弦)	25°
全机长	33.464m/109.790ft
全机高	8.442m/27.697ft
水平安定面展长	10.496m/34.436ft
主轮距	4.680m/15.354ft
前主轮距	14.878m/48.812ft
公务舱最大宽度	3.143m/10.312ft
公务舱高度	2.030m/6.660ft

(二)性能

表 17-8　ARJ21B 性能

发动机	CF34-10A
发动机推力(SLST)	6 954kg/15 332lb
最大使用速度	330KCAS/0.82
最大使用高度	11 900m/39 042ft
单发失效升限(500nm TOW, ISA+10℃, 1.1%爬升梯度, 1.3g 抖振裕量, 防冰系统关闭)	7 200m/23 622ft
起飞场长(SL, ISA, MTOW)	1 900m/6 234ft
满客航程	6 112 km/3 300 nm
标准客座数	20

(三)重量

表 17-9　ARJ21B 重量

最大滑跑重量	43 589kg /96 097lb
最大起飞重量	43 500kg /95 901lb
最大着陆重量	40 455kg /89 188lb
最大零油重量	28 755kg /63 394lb
最大燃油重量	16 386kg /36 125lb
使用空机重量	25 755kg /56 780lb
最大商务载量	3 000kg /6 614lb

五、市场前景

目前,国内公务机市场尚处于起步阶段,但随着中国经济的持续发展,国际经济贸易往来日趋频繁,特别是中国加入世贸、2008年奥运会的举办以及西部大开发战略的实施,国内公务机市场需求将不断增长,发展 ARJ21B 公务机型有着良好的市场前景。

第七节 ARJ21F 货机

一、ARJ21F 机型简介

ARJ21F 是 ARJ21 系列的货运型,为满足快速增长的航空货运市场需求而发展。主货舱长度为 19.033 米,可安排 4~5 个 LD7 集装箱或 4~5 个 PIP 集装盘,最大装载重量为 10150kg。

图 17-21 ARJ21F 货机

二、ARJ21F 三视图

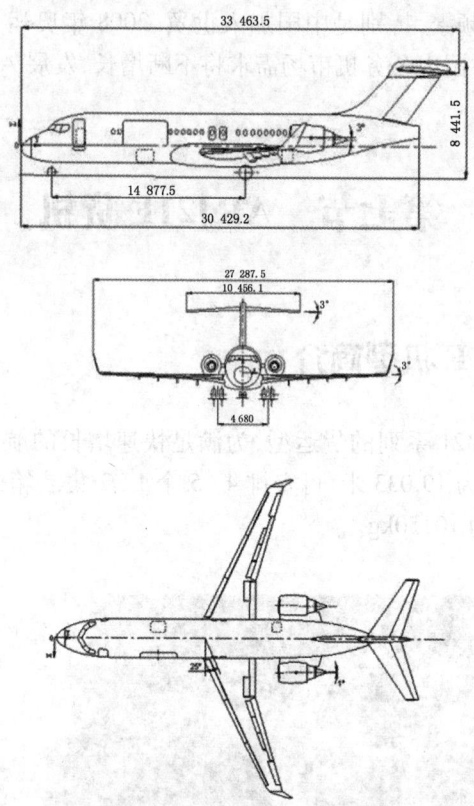

图 17-22　ARJ21F 三视图

三、ARJ21F 货舱装载图

ARJ21F 的主货舱长度为 19.033 米,可容纳 4~5 个 LD7 集装箱(单个总重为 2 030kg)或 4~5 个 PIP 集装盘(单个总重为 2 010kg),装载总重为 8 120~10 150kg(使用集装箱)或 8 040~10 050kg(使用集装盘)。

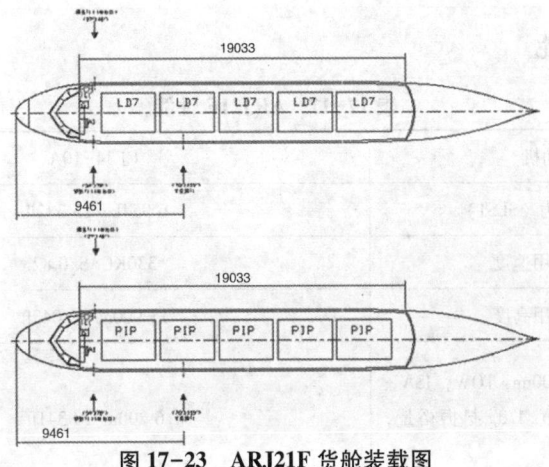

图 17-23 ARJ21F 货舱装载图

四、ARJ21F 基本数据

(一) 尺寸

表 17-10 ARJ21F 尺寸

翼展	27.288m/89.528ft
机翼面积	79.86m²/859.61ft²
机翼后掠角(1/4 弦)	25°
全机长	33.464m/109.790ft
全机高	8.442m/27.697ft
水平安定面展长	10.496m/34.436ft
主轮距	4.680m/15.354ft
前主轮距	14.878m/48.812ft
主货舱长度	19.033m/62.444ft
主货舱容积	111.286m³/3 930.028ft³

(二) 性能

表 17-11　ARJ21F 性能

发动机	CF34-10A
发动机推力（SLST）	6 954kg/15 332lb
最大使用速度	330KCAS/0.82
最大使用高度	11 900m/39 042ft
单发失效升限（500nm TOW，ISA +10℃，1.1%爬升梯度，1.3g 抖振裕量，防冰系统关闭）	6 200m/20 341ft
起飞场长（SL,ISA,MTOW）	1 900m/6 234ft
着陆场长（SL,ISA,MLW）	1 650m/5 413ft
设计航程(85%主货舱最大装载重量)	3 334km/1 800nm

(三) 重量

表 17-12　ARJ21F 重量

最大滑跑重量	43 589kg/96 097lb
最大起飞重量	43 500kg/95 901lb
最大着陆重量	40 455kg/89 188lb
最大零油重量	36 505 kg/80 480lb
最大燃油重量	10 386kg/22 897lb
使用空机重量	26 355kg/58 103lb
主货舱最大装载重量	10 150kg/22 377lb

五、市场前景

当前国内航空货运市场发展较为迅速，但仍与国外有相当差距。国外航空货运采用中心辐射方式，二三级分散航空货物多采用小吨位飞机。而国内目前主要利用大型货机来满足航空货运市场的需求,在小吨位货机利用方面尚属空白。与此同时,航空公司出于购机成本、维护性等方面的考虑,更倾向于采购由旧客机改型延寿而成的货机。

但随着中国经济的持续发展、全球经济一体化进程的加快,国内航空货运市场对小吨位货机的需求终将提上议程。立足于国内需求,推出全新 ARJ21F 货机或是客改货方案,关键在于选准市场切入点。

第八节　ARJ21 机上设备简介

一、ARJ21 飞机盥洗室数量及安装位置

ARJ21 飞机客舱内布置 2 个盥洗室,1 个安装在左侧登机门的后边、1 个安装在旅客舱后部右侧。盥洗室为整体组合件,结构采取密封措施,防止污物泄漏对机体结构的腐蚀。盥洗室的门为两扇折叠向里开,盥洗室内安装供乘客使用的全部设备,在前盥洗室内还应安装婴儿托架。

ARJ21 飞机可选装 3 个盥洗室,将旅客舱后部左侧的储藏室改装成盥洗室。

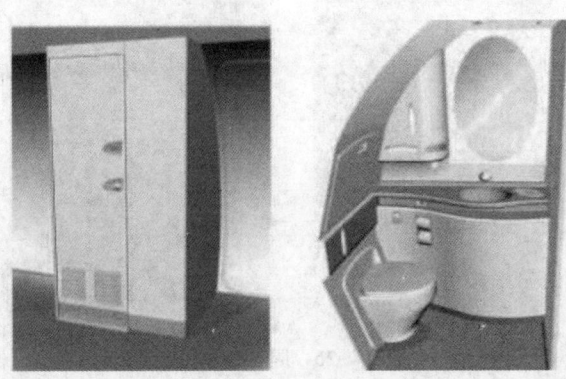

图 17-24　前盥洗室效果

图 17-25　后盥洗室效果图

二、ARJ21 飞机厨房柜数量及安装位置

1 号和 2 号两个厨房柜分别安装在客舱右侧服务门的前后,厨房柜均为整体组合件。1 号厨房柜内配有一个咖啡器、一个水加热器、一个热杯、一个废物箱、两个冰块容器、两个半尺寸的食品车;两号厨房柜内配有两个电烤箱、一辆全尺寸的食品车、一辆全尺寸的饮料车和一辆全尺寸的废物车、一个废物箱以及若干食品箱等设备。2 号厨房柜设备还包括一个可收起的工作台。

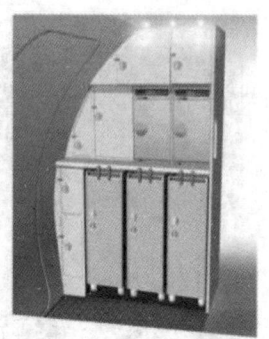

图 17-26　厨房效果图

厨房内的插件设备采用模块化设计,具有快速选装的能力,可适应用户不同航线和飞机时段的需求。

厨房供电为总负荷 23 000 瓦的 115/200 伏三相交流电源,其中 1 号厨房柜最大使用功率为 10 000 瓦，2 号厨房柜最大使用功率为 13 800 瓦。在驾驶舱顶部板上装有一个厨房电源通—断开关。厨房可选装带真空厨房废物处理装置的水槽。

三、ARJ21 飞机氧气系统

氧气系统的功用是确保在飞行中飞机机身失压紧急情况下为机上人员提供呼吸用氧气。另外，该系统还可为个别旅客提供医疗急救用氧，在除烟和灭火时可提供防护用氧。飞机氧气系统由空勤氧气系统、旅客和服务员氧气系统、便携式氧气系统组成。

（一）空勤氧气系统

空勤氧气系统是气态氧系统。在高空飞行座舱失密情况下，空勤氧气系统可以为空勤人员（包括正副驾驶员和观察员）提供足够的氧气以维持正常飞行和保证空勤人员生命安全。假设飞机下降剖面如下：

1.0 分钟——维持在 39 000 英尺
4.0 分钟——下降到 18 000 英尺
7.0 分钟——保持在 18 000 英尺
3.0 分钟——下降到 10 000 英尺

则空勤氧气系统需满足以下两点：

如上面所描述的紧急下降阶段；在正常的干燥的温度和压力下每个机组人员有 300 升的保护呼吸氧。

另外，空勤氧气系统也可以防止吸入烟和有害气体对人体造成的影响。

（二）旅客氧气系统

旅客氧气系统的储氧量应能在座舱失压紧急下降期间为旅客和服务员提供充足的氧气。旅客氧气系统采用化学氧气系统。在每排旅客座椅上方行李箱架的旅客服务装置内，盥洗室及服务员座位上方均装有组合式化学产氧器组件。

在座舱失密，座舱高度超过一定值时组件内氧气面罩自动掉下，拉动面罩后化学氧气发生器向面罩供氧，维持舱内人员生命需要。旅客氧气系统由包括氧气发生器、氧气面罩和软管的氧气发生和分配装置及面罩抛放电器控制线路组成。

当座舱泄压，座舱高度达到 4 200km（14 000ft）时，旅客氧气系统将自动地给旅客、机上服务员供氧。如自动工作系统发生故障,可使用手动超控面罩抛放系统工作。

(三)便携式氧气系统

便携式氧气装置供空勤和机上服务员应急时移动使用,同时也可用于紧急救护。它由便携式瓶和氧气面罩组成。

驾驶舱内装有一套防护型便携式氧气。旅客舱内装有3~4套急救型便携式氧气。

四、ARJ21飞机生命保障(ATA25)系统

(一)应急撤离通道

机组人员可通过设在驾驶舱内可打开的观察窗撤离飞机,其余机上人员可通过登机、厨房服务门和机翼上部应急出口撤离飞机。

(二)应急设备

ARJ21飞机基本型按陆上撤离应急设备要求配置所需的应急撤离滑梯、救生衣、救生绳、急救设备、应急斧、喇叭和手电筒。

该系列加长型、运货型和公务机型等按水上迫降要求配置所需的救生筏。

1. 撤离滑梯

前登机门内壁下方和厨房服务门内壁下方分别安装一个可充气撤离滑梯。滑梯是自照明的并自动充气的。每个滑梯有一个系杆,并在门上提供了快卸装置。

2. 救生绳

在驾驶舱内两个可打开的观察窗上方各安装一根救生绳。

在旅客舱内左、右应急出口上方的行李箱里各安装一根救生绳。

3. 两套急救设备

一套在左侧第一个行李箱内的手提式氧气瓶后面,一套在左侧后端行李箱内。

4. 手电筒

共安装四个,两个安装在驾驶舱内,服务员座位处各安装一个。

5. 手提式喇叭

两个喇叭与急救设备一起安装在前后行李箱内。

6. 应急斧

驾驶舱内安装有一把应急斧。

7. 救生衣

ARJ21 飞机设置救生衣,救生衣应满足 FAA-TSO-C13f 的要求。

在正驾驶员座椅、副驾驶员座椅和观察员座椅处装有救生衣;在服务员座椅下装有救生衣;在每个旅客座椅下的存放袋内装有救生衣;在旅客舱后部储藏间内应存放 4 件儿童、1 件婴儿救生衣。

8. 救生筏

申请水上迫降的飞机可选装救生筏,救生筏应满足 FAA-TSO-C70a 的要求。基本型配置 3 具 30 人型救生筏。

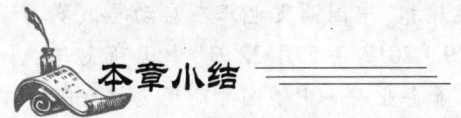

本章小结

本章主要介绍了 ARJ21 飞机的技术特点和研发历程,着重介绍了四种机型的客舱布局和基本运行数据。

中国首款具有完全自主知识产权的
大型客机 C919 试飞成功并投入生产

C919 大型客机(COMAC C919),是中国首款按照最新国际适航标准、与美法等国企业合作研制组装的干线民用飞机,于 2008 年开始研制。C 是 China 的首字母,也是中国商用飞机有限责任公司(下简称"中国商飞")英文缩写 COMAC 的首字母;第一个"9"的寓意是天长地久;"19"则代表的是中国首款大型客机、最大载客量为 190 座。C919 大型客机是建设创新型国家的标志性工程,机体具有完全自主知识产权。

C919 分为全经济级、混合级、高密度级三种客舱布置,座级 158～168 座,航程 4 075～5 555 公里。

2014 年 9 月 19 日首架机开始结构总装,2015 年 11 月 2 日完成总装下线,2017 年 5 月 5 日成功首飞。

截至 2019 年 6 月,C919 已获得了全球 28 家企业的 815 架订单。目前,东航、国航、南航、海航、川航、河北航空、幸福航空、德国普仁航空、泰国都市航空等多家航空公司,及平安国际融资租赁、工银金融租赁、交银金融租赁等多家金融租赁公司购买了 C919。

C919 为中短程单通道窄体民用运输机,中国商飞也正在启动与俄罗斯联合研制远程双通道宽体客机 C929。2017 年 5 月 22 日,中国商飞与俄罗斯联合航空制造集团(UAC)的合资企业——中俄国际商用飞机有限责任公司(CRAIC)在上海成立。

第三篇

客舱服务

第十八章 客舱服务

课前导读

本章主要介绍乘务员在客舱服务过程中各环节的工作要求。为提供高质量的旅客服务,确保旅客、机组安全,乘务员工作标准主要包括:飞行安全、客舱服务、乘务组工作和乘务员形象。

在上述各部分,精益求精是提供优质服务的基础,这种优质服务,是航空公司的标志。此外,这些标准也是乘务工作的指导方针。

要注意的是这些工作标准不是包罗万象的,相反,它只是提供工作要求的指导,除这些标准以外,了解和遵守所有民航的规定和指导,是乘务员的职责。

教学目标

掌握乘务员及乘务长的主要工作要求、客舱服务的主要环节、乘务组的工作内容、乘务员形象要求。

第一节 飞行安全

一、全程需要做到的工作

乘务员应始终备有"客舱乘务员手册"、迫降时客舱准备简令纸、演示用设备、必要的应急设备,以便于随时使用。在飞行过程中,遵守中国民航法规。在飞行前的 8 小时及全程飞行中不得饮用含酒精类饮料。随时注意飞机内部情况。飞机在地面加油时，如出现异常烟雾或浓烈的油味，立即通知机组和地面人员。允许佩戴登机证件的检查官员随意出入飞机。飞机在地面工作和滑行时，确保乘务员均匀分布在客舱各部位和位于可使用的机门附近。按要求广播规定的广播词。

乘务长还要做到确保客舱广播的质量，确保机组人员有足够的饮料，避免缺水。

二、登机前

登机前乘务员要确认飞机廊桥、客梯车是否处于安全状态。根据要求参加机组准备会。在可封闭空间内，存放好乘务员行李、工作包。按规定完成飞行前设备检查。全部准备工作必须在旅客登机前 30 分钟完成（检查设备的有效性、可操作性并易于接近）。清舱工作完成后报告（主任）乘务长。

乘务长还要参加机组准备会，向乘务组传达有关来自飞行机组的信息。确保飞行前对设备的检查（有效、可操作）。向地面机务或机组通报"CLB"（客舱维护记录本 CABIN LOG BOOK）的异常情况。清舱工作完成后，报告机长，经机长同意后方可上客。旅客在机上，飞机在加油时确保乘务员均匀分布在客舱各部位，利用广播系统提醒旅客禁烟和禁用手机。

三、登机时

乘务员要确认旅客登机时自己的站位。注意旅客登机情况，手提行李及行李摆放，载重限制。关好行李架，并锁定。如手提行李过大过重，通知地面工作人员进行处理。

登机时，（主任）乘务长还要做到站在登机口迎客，与地面工作人员和驾驶舱保持联系，随时处理在登机时出现的问题。

四、飞机推出前

乘务员确认旅客登机数与舱单上的旅客数相符。确认出口座位旅客，根据需要简单向旅客介绍出口位置、操作方法及规定，提醒旅客阅读出口座位须知卡和安全须知卡，并报告（主任）乘务长。确认所有手提行李合理存放，行李架关好，并报告（主任）乘务长，确认出口畅通，确认旅客系好安全带，收直椅背、小桌板、脚蹬,打开遮阳板,固定好门帘。飞机滑行前,存放好所有服务用具、供餐物品,包括所有的餐车在固定位锁定,扣好餐车固定搭扣。在关门前,要收藏好门上的安全保护带。客梯、登机桥脱离飞机后,关门,将滑梯待命(预位),互相检查,报告(主任)乘务长"OK"。飞机推出前,乘务员确认旅客均按规定坐好,空座位上的安全带已扣上。

乘务长还要做到:报告机长机上一切准备就绪,旅客人数及有关文件到齐,请求关门,得到机长允许后方可关门。呼叫全体乘务员,要求做好机门的起飞前准备,并发出"滑梯待命(预位),相互检查"的命令。收到各号位的"已待命(预位)"汇报后,报告机长,再次确认"待命(预位)"状况。对全客舱进行检查,确认安全到位。

五、飞机滑出

在飞行关键阶段,不准打扰机组,但如感到有异常状况,仍需及时通报机长。在每个航段之前,及时做好安全简介或播放安全简介录像,如需要,对旅客个别简介,包括那些视野受限制的座位上的旅客。

乘务长还要检查确认已及时地做好了安全简介或播放了安全简介录像。

六、起飞前

完成客舱安全检查,收回杯子,检查安全带、座椅靠背、小桌板、遮阳板、行李架,存放好屏幕,确认厕所内无人,关闭厕所门并上锁。

起飞前固定好厨房用品,检查锁定装置和刹车装置,并固定乘务员座位附近的装置。关闭除照明以外的所有厨房电源。

调节客舱灯光,换上机上用鞋,除执行有关的安全工作外,坐在指定的位置,系紧安全带、肩带,在整个滑行、起飞阶段,保持坐姿。

乘务长还要在客舱完成起飞前各项准备工作后,及时向机长报告(建议进入驾驶舱报告)。在前部的位置坐好,准备起飞。

注:飞行机组发出准备起飞的时机是飞机进入跑道或起飞滑跑前至少1分钟,发出的方式是用 PA 系统或两下钟鸣声。

七、飞行中

当安全带信号灯亮后,广播通知旅客系紧安全带或进行客舱安全检查。定时检查客舱,包括出口、厨房及厕所的安全状况。要始终保持客舱内有乘务员。餐车在客舱内应始终有人看管,不使用时,确保餐车在收藏锁定状态。

八、着陆前

完成客舱安全检查(如,收回杯子,系紧安全带,检查座椅靠背,存放好小桌板,收好屏幕及耳机),确保厕所内无人,关闭厕所门并上锁。着陆前固定好厨房设备,关闭厨房电源,检查锁定装置和刹车装置。合理处理好废弃物,固定乘务员座椅周围的装置。着陆前/到达前,如有旅客未按规定坐好,并对乘务员的提醒不予理睬的,应通知机长。当飞机下降到低于10 000英尺(3 000米)时,遵守"飞行关键阶段"的原则,但如感到有异常状况,仍须及时通报机长。调节客舱灯光。除执行有关的安全工作外,坐在指定的位置,系好安全带、肩带,在整个下降、滑行阶段,保持坐姿。

注:飞行机组发出准备着陆通知的时机是在着陆前至少3分钟,发出的方式是用PA系统或二下钟鸣声。

乘务长还要在确认客舱已做好着陆前的各项准备工作后,及时向机长报告(建议进入驾驶舱报告)。在前部的(主任)乘务长位坐好,准备着陆。

九、着陆后

当客梯/登机桥靠近飞机时,做好开门准备,解除滑梯待命(预位),互相检查,报告(主任)乘务长"OK"。然后换掉机上用鞋。做好清舱工作。在航班结束之前,乘务员不得擅自离机。

乘务长还要做到:呼叫全体乘务员,为开门做准备。发出"滑梯解除待命(预位),相互检查"的命令。报告机长,确认"待命(预位)"解除情况,请示可否开门。得到机长允许后,用"PA"向客舱广播:"所有机门已解除待命,可以开门。"确保所有的设备故障已登记在客舱记录本(或飞机技术记录本)上,完成(主任)乘务长、机长签名。确认地面停留期间飞机上有旅客时的乘务员配备数(中途站)。

注:滑梯待命(预位)系统的操作为"乘务工作的关键阶段",此阶段工作不应受任何其他因素的影响。

第二节 客舱服务

一、登机前

乘务员须根据要求参加机组准备会。完成飞行前设备检查,一旦发现设备有故障或短缺,应及时通报地面机务处理。检查"CLB"中的故障处理情况,如时间允许,应与机组充分沟通。在可封闭的空间内,存放机组行李。确认厨房用具充足,旅客供应物品已装入飞机。清点餐食,并通知(主任)乘务长,签食品单。确认客舱、厕所整洁情况。清舱工作完成后,报告机长,得到机长同意后方可上客。为了方便旅客,在登机前,确保行李架在打开位。

二、登机时

乘务员应在相应位置欢迎旅客登机。乘务员要做到确保飞行前对设备的检查已完成,在客舱内,帮助旅客登机,帮助并向需特殊照顾的旅客作个别简介,旅客登机后,应该为头等舱和公务舱旅客挂好衣服,提供饮料、毛巾等物品。还要注明旅客的座椅号和到达站。如时间允许,对所有舱位的旅客提供杂志、枕头、毛毯服务。飞机离地前禁止向旅客提供拖鞋、牙具袋等物品。

乘务长还要做到:确认客舱广播的情况。确认厨房设备完好,食品、供应品检查工作已完成。打开登机音乐,适时播放预录广播。如有任何延误信息,及时通知旅客和机组。

三、飞机推出前

确认出口座位旅客,根据需要简单向旅客介绍出口操作方法及规定,提醒旅客阅读出口座位须知卡和安全须知卡,并报告(主任)乘务长。确认所有手提行李合理存放,行李架关好,餐车锁定;确认出口畅通;确认旅客系好安全带,收直椅背、小桌板、脚蹬,打开遮阳板。飞机滑行前,存放好所有服务用具、供餐物品,包括所有的餐车不在紧急出口处和客舱过道上。在关门前,要收藏好门上的安全保护带。舷梯、登机桥脱离飞机后,关门,滑梯待命(预位),互相检查,报告(主任)乘务长"OK"。飞机推出前,乘务员确认旅客均按规定坐好,已将空座位上的安全带扣好。

乘务长还要做到:报告机长机上一切准备就绪,旅客人数及有关文件到齐,请求关门,得到机长允许后方可关门。呼叫全体乘务员,要求做好机门的起飞前准备,并发出"滑梯待命(预位),相互检查"的命令。收到各号位的"滑梯待命(预位)"汇报后,报告机长,再次确认"待命(预位)"状况。对全客舱进行检查,确认安全到位。

四、飞机滑出

进入飞行关键阶段后,不准打扰机组,但如感到有异常状况,仍需及时通报机长。在每个航段之前,及时做好安全简介或播放安全简介录像,如需要,对旅客作个别简介,包括那些视野受限制的座位上的旅客。在播放安全简介录像或安全示范时,停止一切客舱服务。

乘务长还要做到:确保旅客不受干扰地接受安全简介。确认已及时地做完了安全简介或播放了安全简介录像。

五、起飞前

完成客舱安全检查(收回杯子,检查安全带、座椅靠背、小桌板,存放好屏幕),确认厕所内无人,关闭厕所门并上锁。起飞前固定好厨房用品以及乘务员座位附近的装置,入座之前,再次确认冷藏间(箱)锁定装置和餐车的刹车装置,关闭厨房电源,A340-600 冷藏间电源无须关闭。调节客舱灯光。除执行有关的安全工作外,坐在指定的位置,系紧安全带、肩带,在整个滑行、起飞阶段,保持坐姿,做静默 30 秒复查。

乘务长还要做到:确认客舱内已完成起飞前各项准备工作后,及时报告机长(建议进入驾驶舱报告)。在(主任)乘务长位置坐好,准备起飞。

六、飞行中

要求乘务组高质量地进行客舱广播。按规定的服务程序,以合适的方式,提供航班餐食或饮料服务,机上录像、娱乐、免税品出售服务。机长和其他机组人员配备不同餐食,如配同种餐食,机长和其他机组人员应当间隔 1 小时进餐。

注:为驾驶舱机组供餐饮时,应避免餐饮的溢出和倾翻。

服务中乘务组应做到协调配合,及时调整客舱服务项目,确保合适的客舱灯光和舒适的客舱温度。在每次检查厕所卫生、补充厕所用品的同时,检查烟雾探测器的完好状况及废物箱的安全状况。适时巡视客舱,提供必要的旅客服务,提醒在座的旅客系好安全带。始终保持客舱内有乘务员。餐车在客舱内应始终有人看管,不使用时,确保餐车被收藏锁定。

乘务长还要做到:确保高质量的客舱广播。指导和检查所指定的服务项目,并按规定的服务程序进行。确保所有的服务程序按规定时间进行。并根据需要,临时调配乘务员提供服务。根据需要监督录像节目的播放。

七、着陆前

当下降的"系好安全带""请勿吸烟"的安全信号闪亮或接到驾驶舱发出的"客舱乘务员做好下降准备"的指令后,应及时进行客舱广播。完成要填写的表格,及时上交。为特殊旅客提供帮助。归还为旅客保管的衣物。完成客舱安全检查(收回杯子,系紧安全带,检查座椅靠背行李架,存放好小桌板,收好屏幕),确保厕所内无人,关闭厕所门并上锁。固定好厨房设备,合理处理好废弃物。此外,在就座前,再次核查所有厨房设备的固定状况(包括锁定装置和刹车装置),关闭厨房电源。当飞机下降到低于10 000英尺(3 000米)时,遵守"飞行关键阶段"的原则,但如感到有异常状况,仍需及时通报机长。调节客舱灯光。除执行有关的安全工作外,坐在指定的位置,系紧安全带、肩带,在整个下降、滑行阶段,保持坐姿,做静默30秒复查。

乘务长还要做到确保客舱广播高质量运行。明确需特殊帮助旅客的要求,在需要时,委派乘务员及时服务。确保需做记录的项目填入CLB,并完成(主任)乘务长、机长签名。确保各类申报单、表格准确填写完毕。确认客舱内已做好各项着陆前的准备工作后,及时报告机长(建议进入驾驶舱报告)。在(主任)乘务长位置坐好,准备着陆。

八、着陆后

当飞机完全停稳时,做好开门准备:滑梯解除待命(预位),互相检查,报告(主任)乘务长"OK"。在指定位置送客。在航班结束之前,乘务员不能擅自离机。

乘务长还要做到:当飞机完全停稳,发动机已关闭时,呼叫全体乘务员,发出"滑梯解除待命(预位),相互检查"的命令。报告机长确认"待命(预位)"解除情况,请示可否开门。得到机长允许后,用"PA"向客舱广播:"所有机门已解除待命,可以开门。"打开客舱音乐。确保所有的设备故障已登记在客舱记录本(或飞机技术记录本)上,完成(主任)乘务长、机长签名。确认地面停留期间飞机上有旅客时的乘务员配备数。

第三节 客舱乘务组工作

一、飞行前准备

检查飞行包,携带必需的业务资料、手册及各类有效证件。完成公司要求的报告。带好个人用品(围裙、笔、针线包、化妆品、丝袜等)。担任兼职安全员的乘务员,根据需要领取安全员工作包,并携带有效证件。如需要佩戴矫正视力眼镜才飞行合格的乘务员,在执行航班任务时必须佩戴矫正视力眼镜,并携带备份镜。

乘务长还要做到:到派遣室领取飞行任务书。到资料室领取(主任)乘务长工作箱、乘务组护照/通行证。

二、飞行准备

准时签到,参加航前准备会。按派遣室每季度发布的起飞与准备时刻表,到达指定准备室。表示愿意听从(主任)乘务长的指令,按程序工作。

乘务长还要做到:以身作则,营造出一个积极向上,训练有素的环境气氛。提倡集体主义精神。介绍整个乘务组人员情况。了解航班信息,及时与飞行机组沟通有关飞行信息。确保乘务人员准时登机。

三、飞行前机上工作

如需要,参加飞行机组准备会。向飞行机组介绍自己,并了解相关信息。

乘务长还要做到:参加机组准备会,向乘务组传达有关信息及飞行机组对乘务组的要求。将飞行任务书交飞行机组。将可能延误起飞的意外事情,通报地面人员和机长。与食品公司、地面服务部门、现场调度、地面机务、乘务组、飞行机组协调准备工作,确保准时起飞。

四、乘务组协作

主动、有礼地与机组和其他同事相处,通力合作,表扬工作出色的乘务员。适时将与工作有关的信息,转告给其他乘务员/(主任)乘务长。调解旅客之间的冲突。

(主任)乘务长还要做到:在整个航班中与接班的乘务组,做好交接,互通信息。如有旅客在机上的交接,乘务员必须面对面交代清楚。确保耳机回收,免税烟酒账目结清,保管好钱物。

五、飞行后讲评

参加航后讲评会。对航班中的问题进行讲评总结。
乘务长还要做到:填写任务书。对乘务组的问题及时总结汇报。

第四节 乘务员形象及乘务员的合格要求

一、乘务员形象

乘务员应保持个人训练有素的职业形象。在工作期间的任何时间,着公司制服,遵守公司形象规定。女乘务员化妆得当,男乘务员必须净面。确保制服、饰品整洁、烫平、完好、得体。确保工作鞋清洁、擦亮和完好。在限制区域里,佩戴登机证件(机上不必佩戴明显处)。

(主任)乘务长还要做到:指出乘务员的制服/外表形象的不足之处。为乘务组成员,按标准做好专业形象示范。

二、乘务员的合格要求

在飞机上担任客舱乘务员的人员,应当按照民航局《大型飞机公共航空运输承运人运行合格审定规则》批准的训练大纲进行训练并经具有资质的机构检查合格。在按照本规则运行时,应当持有现行有效的体检合格证和客舱乘务员训练合格证。

乘务员的训练类别包含：新雇员训练、初始训练、转机型训练、定期复训、重新获得资格训练、差异训练、升级训练等。

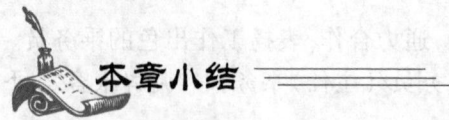

本章主要介绍了从飞行准备、到飞行过程中、直到飞行结束之后所有过程中乘务员为保障飞行安全、提供客舱服务，所应从事的客舱主要工作以及乘务员形象等方面的要求。

总　策　划：刘　权
执行策划：李红丽
责任编辑：李红丽

图书在版编目(CIP)数据

客舱设备运行及管理/张丽,谢春讯编著.—北京：旅游教育出版社,2007.7
(2022.5)
(全国空中乘务专业规划教材)
ISBN 978-7-5637-1028-7

Ⅰ.客…　Ⅱ.①张…②谢…　Ⅲ.民用飞机-客舱-设备管理-教材
Ⅳ.F560.82

中国版本图书馆 CIP 数据核字(2007)第 086097 号

全国空中乘务专业规划教材

客舱设备运行及管理

(第5版)

张　丽　谢春讯　编著

出版单位	旅游教育出版社
地　　址	北京市朝阳区定福庄南里1号
邮　　编	100024
发行电话	(010)65778403 65728372 65767462(传真)
E-mail	tepfx@163.com
印刷单位	天津雅泽印刷有限公司
经销单位	新华书店
开　　本	710毫米×1000毫米　1/16
印　　张	16.5
字　　数	240千字
版　　次	2020年1月第5版
印　　次	2022年5月第3次印刷
定　　价	38.00元

(图书如有装订差错请与发行部联系)

参考书目

1. 宋静波. 飞机构造基础[M]. 北京:航空工业出版社,2004.
2. 王祥甫,陆惠良. 乘飞机的安全与救生[M]. 北京:中国民航出版社,2001.
3. 中国民航出版社编. 中国民航飞机全集[M]. 北京:中国民航出版社,1996.
4. 东方航空公司内部培训资料.
5. 民航星空. http://www.airstar.cn.
6. 上海航空公司内部培训资料.
7. 中国商用飞机有限公司. http//www.acac.com.cn/product.asp.
8. 中国民用航空局发展计划司. 从统计看民航[M]. 北京:中国民航出版社,2000-2017.